KB072998

도스토예프스키

차례
Contents

도스토예프스키의 삶을 반추하며

표도르 미하일로비치 도스토예프스키.

"톨스토이와 함께 19세기 러시아 문학을 대표하는 대문호. 세계 문학사에 길이 남는 보고(寶庫)."

도스토예프스키를 수식하는 언어에는 언제나 '대(大)', '최고', '가장' 등의 형용사가 놓인다. 그의 '유명세'는 19세기 러시아의 베스트셀러 작가였다는 사실을 넘어서서 20세기 니체를 비롯하여 카프카, 토마스 만, 프루스트, 앙드레 지드, 알베르 카뮈, 오스카 와일드에게 준 영향에서도 뚜렷이 나타난다. 도스토예프스키의 감수성과 열정, 통찰력을 자양분으로 해서 성장했던 이들 작가들에게 그는 '피'가 되고 '살'이 되어 주었다. 하지만 그의 생명력은 19세기와 20세기를 뛰어 넘어, 21세기 현 시점에서도 강력한 마력을 지닌다.

도스토예프스키 작품이 지닌 '현재성'은 뜨거운 사회의식을 갖춘 작가의 체험과 함께 소설 속에 첨예한 시사성이 살아 숨 쉬기 때문이기도 하다. 그의 작품에는 신문과 잡지의 자료를 활용하며 사회·정치 문제의 맥을 정확히 짚어냈던 리얼리즘 작가로서의 저력이 꿈틀거린다. 하지만 동시에 그는 근본적인 인간 존재론적 문제와 인간 성찰에 대한 투시력을 유감없이 드러냈다. 특히 인간 무의식의 세계가 내뿜는 환상과 광기와 꿈은 그의 손끝에서 영혼의 리얼리즘으로 재탄생했다.

오늘날 그의 작품이 더 큰 매력으로 다가오는 것은 그의 소설이 지닌 '다층성' 때문일 것이다. 그는 소설가였지만, 무수한 사상가들이 그에게서 심리학자, 정신병리학자, 범죄학자, 그리고 신비주의자적인 면모를 발견한다. 이런 접근이 가능한 것은 인간 영혼을 날카롭게 투시했던 그의 시선에는 양립 불가능한 요소들이 동시에 포착되었기 때문일 것이다. 사실 그는 칼끝에 가슴을 난도질당하는 듯한 아픔을 품고 살았던 인간이었다. 또한 자신의 광기와 열정의 소용돌이를 다스리지 못해 괴로워했던 모순투성이 인간이기도 했다. 그러면서도 그는 항상 겸손하고 따뜻한 인간이길 원했다.

이 모든 삶의 이야기가 그의 소설 속으로 굽이굽이 흘러 들어갔다. 물론 어떤 작가의 글에도 자기 삶의 경험은 묻어나기 마련이다. 하지만 도스토예프스키만큼 삶의 체험이 강하게 스며든 작가는 드물다 해도 과언이 아니다. 사실 그의 삶은 그 자체로 한 편의 고난과 그 극복의 드라마이다. 부친의 살해, 체포와 날조된 사형, 시베리아 유형, 그를 평생 괴롭힌 간질병, 도박의 유혹, 끝나지 않는 경제적 압박…… 그는 한 편의 소설 같은 삶을 살았으며, 삶이 곧 소설이었던 작가였다.

인간은 누구나 탄생과 죽음이라는 인생의 두 지점을 지니지만, 인생길을 한참 달려갈 때에는 그 삶의 의미가 잘 보이지 않는다. 하지만 인생을 회고하는 때가 오면 어떤 사건이 이후의 삶에 얼마나 강력하게 각인되었으며 자신의 인생을 어떻게 변화시켰는지 드러나기 마련이다. 인간이라면 누구나 체험하는 그 공통의 성찰을 바탕으로, 이 글은 도스토예프스키의 입장이 되어, 그 자신이 스스로의 삶을 반추하는 시점을 가정해 볼 것이다. 그리고 그의 인생을 파고들었던 지배소들을 '아버지 살해', '사회주의 심취', '사형 체험', '수감 생활', '여인에 대한 열정', '도박', '가난', '파산', '간질', '푸슈킨에 대한 사랑'이라는 열 개의 키워드로 읽어 볼 것이다. 이제 그 질곡과 영광의 순간이 어떻게 그의 작품으로 녹아들어가게 되었는지 이야기해 보자.

살해당한 아버지와 정신적 상흔

도스토예프스키는 러시아력으로 1821년 10월 30일, 모스크바 근교의 마린스키 빈민 병원 관사에서 태어난다. 아버지 미하일 안드레예비치는 모스크바에서 의과대학을 졸업하고 1812년 나폴레옹 전쟁 때 군의관으로 근무했다. 이후 마린스키 구제병원의 의사로 봉직하게 되었는데, 전기 작가들이 공통적으로 언급하는 것은 의사로서의 그의 삶에 대한 것보다는 일곱 아이들을 데리고 비좁은 병원 관사에서 살면서 악착같이 돈을 모았다는 것과 다혈질적이고 신경질적인 그의 성격에 대한 것이다. 그들은 어린 도스토예프스키뿐만 아니라 온 가족이 아버지 앞에서 벌벌 떨곤 했다고 전한다. 뿐만 아니라 아내에 대한 질투심과 의처증도 심해 번번이 아내가 부정한 짓을 저지

르지 않았는지 의심했으며, 심지어 아이들이 태어날 때마다 그 아이가 자기 애인지 의심쩍어 했다고도 한다.

때문에 작가의 폐쇄적이고 우울했던 성격을 어린 시절 그가 아버지에 대해 품었던 두려움과 악의로 설명하는 연구자들이 적지 않다. 확실히 도스토예프스키의 신경질, 과묵함, 의심 등은 아버지에게서 물려받은 유산이었다. 하지만 다행스럽게도 어머니 마리야 표도로브나는 교양과 품위를 지녔고 깊은 신앙심을 간직하고 있었다. 남편의 거친 행동과 까닭 없는 질투에 시달리면서도 아이들에게 온화한 사랑을 쏟았던 것으로 전해진다. 어린 도스토예프스키는 무섭기만 했던 아버지로부터 따스한 정신적 피난처가 되었던 어머니에 대해 각별한 애정을 갖고 있었다.

어머니와 아버지의 상반된 성격은 양립 불가능해 보이는 특성들이 공존하고 있는 도스토예프스키의 성격 형성에 영향을 미치지 않을 수 없었을 것이다. 또한 그의 작품 속 인물들이 불안하고 병적으로 기묘하고 비뚤어진 성격을 드러내는 것은 어린 시절 그가 받은 감정에서 유래한 것이기도 하다. 그들은 『지하생활자의 수기』(1864)의 주인공처럼 타인에 대한 분노와 굴욕감이 눈덩이처럼 커져 이것을 일종의 쾌락으로 생각하는 유형으로 변형되는가 하면, 『미성년』(1876)의 주인공처럼 심하게 모욕을 당했을 때 스스로를 더 모욕해가며 자신을 몰아가는 유형으로도 나타난다. 자존심이 시련을 겪어 더욱 오만해지거나 자학 증세를 보이는 것과 같이, 분열된 인간상이

잉태되는 씨앗이 어린 시절에 뿌려졌던 것이다.

하지만 흥미로운 것은 그의 소설 속 등장인물들은 이런 자기모순 상태에 빠지는 것을 전혀 염려하지 않는다는 점이다. 오히려 그들은 인간 본성이 범할 수 있는 모든 모순과 부정을 기꺼이 수락하고 있다. 오히려 여과 없이 드러나는 이런 요소들이 등장인물들을 훨씬 더 생동감 있는 인간으로 보이게 하기도 한다.

아버지로 인해 그다지 행복하지 않았던 어린 시절에도 불구하고, 그가 신앙심 깊은 가정 출신이며 어릴 적부터 복음서를 읽으며 자연스럽게 신앙을 받아들였다는 점은 그를 정신적으로 성장시키는 텃밭이 되었다. 그의 어머니는 『구약과 신약의 성스러운 이야기』라는 그림책으로 어린 아들에게 글을 가르쳐 주었다. 그리고 어린 시절 성 삼위일체 수도원으로 순례 여행을 했던 일은 작가의 기억에 오래도록 행복했던 일로 남아 있었다. 물론 청년 시절 도스토예프스키는 무신론에 빠지기도 했고, 더구나 평생 동안 제도권의 지배를 받는 정교회와 사제를 그다지 좋아하지 않았던 것은 사실이다. 그럼에도 불구하고 그리스도를 사랑하는 한 인간으로 항상 머무를 수 있었던 것은 어머니가 그에게 남긴 무의식적 인상으로 설명할 수 있을 것 같다.

하지만 온화한 사랑으로 아버지의 폭군 같은 기질을 달래 주던 최소한의 보루였던 어머니는 도스토예프스키가 16세 되던 1837년에 폐결핵으로 사망한다. 이후 아버지는 마린스키

자선병원에 근무할 때 악착같이 모은 돈으로 토지를 구입해 두었던 툴라 지방으로 이주했다. 하지만 교육열 하나는 유난히 높았던 아버지는 도스토예프스키와 한 살 위의 형 미하일을 상트 페테르부르크의 육군 공병학교에 넣을 생각으로 기숙학교에 보내 3년간 입시공부를 시켰다. 아버지는 두 아들이 장차 근위장교나 부유한 공업기사가 되었으면 하고 바랐기 때문이다.

하지만 아들을 출세시키기 위해 고군분투했던 아버지와 달리 두 아들의 관심은 다른 곳에 있었다. 실리적인 아버지와 달리 문학적 기질을 타고 태어난 두 아들은 사춘기 문학 소년들이 그러하듯이 아름답고 고귀한 것을 동경하며 문학적 열정으로 가득 차 있었다. 그들은 자신들이 페테르부르크에 도착하기만 하면 시인 푸슈킨이 결투 이후 마지막 숨을 거둔 아파트를 찾아가기로 약속했다. 어쩌면 도스토예프스키에게 푸슈킨의 죽음은 어머니의 죽음보다도 더 슬픈 일이었을지도 모른다. 마지막에 언급하겠지만 어린 시절부터 마음에 품고 있었던 푸슈킨에 대한 이 큰 사랑이 생의 말년에 그 시인을 기념하는 행사에서 혼을 담은 연설을 했던 이유이기도 했다.

어쨌든 아버지의 등쌀에 떠밀려 그럭저럭 시험을 준비했던 열일곱 살의 도스토예프스키는 1838년 육군 공병학교에 합격한다. 그러나 형은 신체검사에 떨어지게 되면서 쌍둥이처럼 붙어 다녔던 그들은 이별의 슬픔을 맛봐야 했다. 하지만 형제는 장문의 편지 왕래를 통해 문학에 대한 꿈을 키워가며 항상 서로에게 분신 같은 존재로 남아 있었다.

그러나 본인의 의사가 아니라 아버지의 손에 이끌려 군사
학교에 입학한 도스토예프스키는 시간이 갈수록 학교생활이
고달플 수밖에 없었다. 가슴에는 창작열이 끓어 넘치는데, 정
해진 딱딱한 수업을 받자니 못할 노릇이었다. 하지만 그 와중
에도 그는 틈만 나면 발자크, 호프만, 괴테, 호메로스를 정신
없이 읽어댔다. 덕분에 1년간 낙제하기도 했지만 우주에 대한
환희와 찬미를 발산하는 괴테의 시에서, 고결한 정신을 표현
했던 실러의 글에서, 그리고 발자크의 사회소설에서 인간 내
면의 비밀을 하나씩 발견해갔다.

그런데 이즈음 도스토예프스키에게 깊은 정신적 트라우마
(trauma)를 남긴 사건이 발생한다. 1839년 여름, 어머니의 사망
후 다로보에 마을에 칩거하고 있던 아버지가 갑자기 비명횡사
한 것이다. 당시 아내 없이 홀로 살던 아버지는 주색에 빠지기
일쑤였으며, 공연히 하인이나 농노들에게 화를 내고 그들을
구타하기도 했다고 한다. 그러던 어느 날 들에서 농사일을 하
고 있던 농부들이 인사를 제대로 하지 않는다고 야단을 쳤는
데, 평소에 그에게 앙심을 품고 있던 농부들이 한꺼번에 달려
들어 그를 살해했다는 것이다. 이 소식을 전해 들은 어린 아들
은 엄청난 충격을 받았다.

그는 아버지의 죽음에 대해 죄책감을 갖지 않을 수 없었다.
아버지를 사랑하지 않았다는 점, 아버지의 인색함을 원망하면
서 늘상 그에게 짜증스러운 편지를 보냈던 점, 이 모든 것이

주마등처럼 그의 뇌리를 스쳐갔을 터였다. 어린 시절 가부장적인 아버지 앞에서 느꼈던 두려움과 어두운 기억의 그림자는 이미 많은 연구에서 도스토예프스키의 무의식을 읽는 지표가 되었다. 더군다나 아버지가 살해당했던 사건은 아버지의 죽음에 대한 죄책감과 함께 그가 평생 짊어져야 했던 내면의 십자가였다. 의사 야노프스키는 두렵고 잊을 수 없었던 이 일이 성년이 된 그에게 우울증이나 간질로 전이되기 쉬운 원인을 제공했다고 증언하고 있다.

그는 누군가가 부친에 대해 묻는 것을 꺼렸으며, 부친에 대해 아무것도 말하고 싶어 하지 않았다. 그가 평생 동안 아버지의 비명횡사에 관해서 단 한마디도 발설하지 않고 함구했다는 것은 이 사건이 그에게 준 충격이 얼마나 강했는지를 짐작케 한다. 그 악몽은 생애 마지막 작품인 『카라마조프가의 형제들』(1880)을 통해 비로소 아버지에 대해 입을 떼면서 벗어날 수 있었다. 드미트리, 이반, 알료사 삼형제의 아버지인 표도르 카라마조프는 도스토예프스키 아버지를 모델로 한 것이다. 물론 표도르 카라마조프가 작가 아버지의 자화상은 아닐지라도, 그는 도스토예프스키 아버지의 많은 특징을 이어받았다. 소설 속 카라마조프가 아버지의 비명횡사 역시 자신의 아버지 미하일 안드레예비치의 비극적인 죽음과 일치시키고 있다.

실제로 이 작품을 집필하면서 도스토예프스키는 기억 속의 아버지를 떠올리기 위한 각고의 노력을 했다고 전해진다. 그는 추억을 되살리기 위해 이미 오래 전에 팔아버린 아버지의 영지를 방문하기도 했다. 그리고 1877년 여름, 40년 만에 아버지가 살해된 다로보예 농장을 찾아 누이동생 베라의 집에 묵으면서 『카라마조프가의 형제들』에 착수한다. 때문에 소설의 사건이 일어나는 도시는 작가가 인생 말년에 머물렀던 스타라야 루사의 모습을 반영하고 있지만, 작품에 등장하는 마을들 중 다로보예, 체르마쉬냐, 모크로예는 툴라 현에 있던 아버지 영지의 모습을 그대로 재현하고 있다. 작가의 기억 속에는 난봉꾼 아버지였지만, 이 작품을 통해 그를 싫어했던 자신의 내면 역시 객관적으로 들여다보게 된다. 그리고 사랑할 수 없었던 아버지에 대해 마음을 열고, 그를 자기 가슴에 끌어안게 된다. 하지만 이것이 가능했던 것은 오랜 세월이 지난 후였으며, 그 수십 년의 세월 동안 작가는 이루 말할 수 없는 죄의식과 수치심으로 고통스러워할 수밖에 없었다.

공상적 사회주의 심취와 체포

　아버지의 염원이었던 육군공병 사관학교를 졸업하게 된 도스토예프스키는 소위에 임관하자 공병국 제도부에서 근무한다. 하지만 일이 지겹기만 했던 그는 간신히 1년을 버티다가 중위에 승진한 1844년 퇴직을 결심한다. 때마침 번역 출간된 발자크의 『외제니 그랑데』가 나름 호평을 받으면서 전업 작가로서의 꿈을 꾸게 된 것이다. 그리고 1845년의 늦은 봄 어느 날, 그의 인생을 극적으로 반전시킨 첫 소설 『가난한 사람들』(1846)로 생각지도 못했던 행운을 거머쥔다. 그는 인생의 탄탄대로에 접어든 것 같은 단꿈을 꾸었다.

　『가난한 사람들』은 하급 관리 마카르 제부슈킨과 스무살 어린 바르바라라는 처녀의 가난과 애틋한 사랑이 그려진 작품이

13

다. 도시 뒷골목 인생들이 짊어져야 했던 사회적 비극이 잘 묘사되어 있는 이 작품이 사실주의적 휴머니즘을 기치로 하였던 당시 비평계의 거물 벨린스키에게 인정받게 된 것이다. 이것으로 24세의 무명작가는 사회적으로 억압받는 힘없는 인간들을 묘사했던 고골의 정신을 계승했다는 문명까지 떨치게 된다.

하지만 이런 행복도 잠시. 뒤이어 출판된 『분신(分身)』(1846)은 영 엉망이라는 혹평을 들어야 했다. 사실 이런 평가는 어느 정도 예상된 것이기도 했다. 벨린스키 같은 비평가가 도스토예프스키의 소설에서 높이 샀던 부분은 학대받고 모욕 받은 사람들에 대한 변호와 같은 소설의 사회학적 기능 때문이었다. 그렇다 보니 분열된 인물상들이 여기저기 떠도는 듯한 『분신』이 벨린스키의 마음에 들 리 없었고, 이것이 단순히 병적인 경향이 농후한 작품으로 치부되는 것은 당연한 것이기도 했다.

비평계의 흐름을 좌지우지하던 인물로부터 호의를 잃게 되자 그를 환영하던 문학 살롱은 조롱하는 태도로 돌변한다. 이즈음부터 도스토예프스키는 공상적 사회주의자들의 모임인 페트라세프스키 회에 출입한다. 원래 외교관이었던 페트라세프스키는 관직을 그만두고 친구들과 함께 『외래어 사전』을 출판했다. 하지만 그 책에 현실을 풍자하는 내용이 들어있다는 이유로 정부로부터 출판 금지를 당했다. 이후 매주 금요일이면 그의 집에는 여러 회원들이 모여들어 검열제도에 대한 울분을 토하곤 했다. 그리고 이 모임은 자연스럽게 러시아의 농노제도와 재판, 출판제도의 개혁, 무신론, 가족제도, 결혼제도 및 푸리에의 공상적 사회주의에 대한 연구 모임으로 지속되어 갔다.

당시 생시몽, 푸리에, 프루동의 사상에 심취해 있던 도스토예프스키는 이 사상을 더 나은 삶에 대한 갈망을 충족시킬 수 있는 낭만주의적 약속으로 여겼다. 그에게 사회주의적 유토피아 사상은 기독교 정신의 연장이며, 복음적 진리의 성취로 여겨졌던 것이다. 그에게 사회주의는 기독교 정신이 당시 상황에 맞게 수정·개선된 것으로 받아들여졌기에 더욱 심취했던 것이다.

그런데 이 무렵은 황제 니콜라이 1세가 비밀 경찰조직을 동원하여 러시아의 지식인들을 철저히 감시하고 있던 때였다. 1848년 2월 프랑스 혁명과 6월 프랑스 노동자 폭동으로 신경이 곤두서 있던 니콜라이 1세는 러시아에 자유사상이 번지는 것을 우려하여 지식인들에 대한 감시를 강화했던 것이다. 그로 인해 페트라세프스키 회원들을 감시하고 있던 비밀경찰은 급기야 1849년 4월 22일 밤, 도스토예프스키를 포함한 회원 33명을 체포하기에 이른다. 이 금요모임에 가끔씩 참석했던 형 미하일도 체포되었지만 그는 증거부족으로 2개월 후 풀려났다.

도스토예프스키의 죄목은 당시 출판 불가로 분류되어 있던 벨린스키의 「고골에게 보내는 편지」를 모임석상에서 낭독했다는 것이었다. 당시 금서였던 이 편지는 벨린스키가 고골에게 러시아가 필요로 하는 것은 설교나 기도가 아니라, 민중들에게 인간의 존엄성을 일깨워주는 것이며 그들을 계몽시키는 것이라고 주장하는 내용을 담고 있었다.

　나중에 조사 위원회에 제출한 해명서를 보면 도스토예프스키가 유토피아 사회주의에 심취했던 사실을 담담히 인정하고 있는 것을 볼 수 있다. 하지만 도스토예프스키의 순진한 이상주의와 달리 유토피아 사회주의는 독일에서 헤겔의 관념론에 의해 논박 당하였고, 결국 이는 유물론과 무신론을 낳은 배아가 되었다. 포이에르바흐와 마르크스를 추종하는 좌파 헤겔주의자들은 추상적인 형이상학과 단교하고 유물론적 사회주의의 토대를 닦게 되었다. 그리고 무신론적 유물론은 결국 기독교적 유토피아 사상을 짓밟으면서 자연스럽게 마르크스 공산주의 행보로 이어졌던 것이다.

　훗날 도스토예프스키는 자신이 품었던 생각의 위험성을 고백이라도 하듯, 헤겔의 관념론이 무신론과 유물론으로 이어질 수 있는 가능성을 『죄와 벌』(1867)을 통해 표현한다. 그리고 주인공 라스콜리니코프를 통해 힘의 도덕성이 폭력의 철학으로 변질된 모습을 반영하고 있다. 인간을 범인과 초인, 열등한 자와 우등한 자로 나누는 라스콜리니코프의 이분법적 사고방식은 독일의 헤겔철학의 영향하에서 생겨난 사상인 것이다.

　헤겔에 의하면 세계사에서 위대한 인물로 등장하는 창조적인 소수자는 역사의 주체가 되어 위대한 과제를 수행할 수 있다. 그들에 의해 세계의 역사는 인간의 도덕률을 무시한 채 더

높은 수준에서 움직일 수 있다. 알렉산더 대왕, 나폴레옹, 시저와 같은 역사적 영웅들이 다른 약자들을 죽일 수 있는 권리가 있는 것은 그 때문이다. 이런 나름의 근거 위에 주인공 라스콜리니코프는 자신이 나폴레옹과 같은 초인이 될 수 있는지를 확인하기 위해 살인을 저질렀던 것이다. 가난한 사람의 피를 빨아먹는 것 이외에 아무런 가치가 없는 전당포 노파쯤은 살해할 권리가 있으며, 이러한 권리행사는 정당하다고까지 생각하게 된 것이다. 이는 역사의 주체와 객체에 대한 헤겔의 역사이론을 인간본성의 이론으로 전화시킨 대표적인 예라 할 수 있다.

　도스토예프스키가 페트라세프스키 모임에서 활동했던 이유로 체포되었던 여러 정황은 훗날 『악령』(1872)이라는 또 하나의 소설을 탄생시킨다. 1849년 도스토예프스키가 체포된 죄목에는 그가 반정부적인 선전용 문서를 발간하는 비밀 인쇄소를 차리는 데 협력했다는 것도 포함되어 있었다. 이는 페트라세프스키 모임에 균열이 일어나면서 1848년 가을, 두로프라는 인물을 중심으로 혁명 그룹을 결성한 일에 도스토예프스키도 연루되어 있었던 것이다. 이렇게 해서 혁명 준비를 위해 비밀 인쇄 작업을 하기로 은밀히 결정했던 당시의 상황이 소설의 옷을 입게 된 것이다. 민중 봉기를 준비하는 것이 목적이었던 이 단체는 비밀 보장을 위해, 당원들이 배반하는 경우에는 죽음으로 처벌한다는 내용까지 강령에 포함시키고 있었다. 그런 협박은 보안 유지를 통해 비밀을 더욱 확고하게 보장하기 위한 장치였는데, 이 모든 요소들이 소설 『악령』에서 재생되고 있다.

도스토예프스키가 페트라셰프스키 모임에서 나와 두로프를 중심으로 한 모임에서 중추적 역할을 담당했다는 사실은 이 새 그룹의 중심인물인 니콜라이 스페시노프의 증언에서도 나타난다. 조사 위원회 심문 과정에서 스페시노프는 1848년 10월 말경 이런 저런 사정으로 페트라셰프스키 서클에 불만을 느낀 몇몇 회원들이 자신들만의 살롱을 만들자고 제의했다고 밝히고 있다.

두로프 서클에서 중심인물로 내세웠던 이 스페시노프라는 사나이는 미남에다 부자였으며, 질풍 같은 낭만적 과거를 가진 귀족 신사였다. 그는 차갑고 말수가 적었으며, 항상 자신의 감정을 감추었고 어떤 경우에도 표정을 바꾸는 법이 없었다고 한다. 해외에서 페테르부르그로 돌아온 이후 스페시노프는 페트라셰프스키 서클 구성원들을 자주 방문하기 시작했으나, 그 단체를 그다지 좋아하지 않았다. 마르크스와 엥겔스의 「공산당 선언」을 최초로 접한 러시아인 가운데 한 명이었던 공산주의자 스페시노프가 페트라셰프스키 서클 모임의 자유주의적 한담에 전혀 흥미를 느낄 수 없었던 것은 당연했다. 무신론을 설파하는 그에게서 강한 매력과 악마적인 힘을 동시에 느꼈던 도스토예프스키는 『악령』의 비극적 주인공 니콜라이 스타브로긴의 형상을 통해 그를 불멸의 존재로 만들었다.

『악령』은 작가 자신의 체험 외에도 작품 집필 당시에 있었던 사회 문제와도 결합된다. 작가는 당시 페테르부르그 대학의 청강생이었던 네차예프라는 인물의 주도로 대학생들이 사회를 전복하려 했던 떠들썩한 사건을 작품 구도로 원용하였다. 그는 1869년 10월 둘째 부인 안나 그리고리예브나의 동생 이반 그리고리예비치 스니트킨이 드레스덴으로 찾아와 러시아 상황을 이야기했을 때 이미 어떤 직관을 가지고 있었던 것 같다. 당시 표트르 농업 아카데미 학생이었던 처남은 도스토예프스키에게 이바노프라는 학교 친구에 관한 이야기를 들려주었다. 안나 그리고리예브나는 당시 상황을 회고록에서 이렇게 쓰고 있다.

여러 종류의 외국신문을 읽곤 했던 남편은 표트르 농업 아카데미에서 머지않아 정치 시위가 일어날 것이라는 결론을 내렸다. 남편은 내 동생이 우유부단하기 때문에 이 시위에 가담할지도 모른다고 생각하고, 어머니께 아들을 이곳 드레스덴으로 보내라고 설득했다. 내 동생에게 항상 호감을 갖고 있던 남편은 동생이 하는 공부와 그의 친구들, 그리고 학생들 사이의 전반적인 분위기에 많은 관심을 보였다. 동생은 자세하게 이런 저런 이야기를 했다. 바로 그때 남편은 동생의 이야기를 통해 당시의 정치 운동을 묘사해야겠다는 생각을 하게 되었고, 주인공들 중의 하나로 결국 네차예프의 손에 죽게 되는 이바노프라는 학생을 설정했다. 동생이 말한 이바노프라는 학생은 확고한 성격이었고 매우 똑똑했으며 과거의 소신을 철저하게 바꿔버린 사람이었다. 그리고 남편은 나중에 신문에서 그 이바노프라는 학생이 살해되었다는 기사를 읽고 큰 충격을 받았다.

바쿠닌의 친구이기도 했던 네차예프는 1860년대 한 혁명 단체의 창설자이자 「혁명가의 교리문답」을 저술한 인물이었다. 네차예프 당원들은 러시아 전역에 걸친 조직망을 통해 비밀 혁명 세력들을 포섭하고 각 사회 집단의 선동과 유혈 폭동 조직, 정부 전복, 종교와 가정과 사유재산의 철폐, 니힐리즘, 무신앙 등을 주장하였다.

혁명 단체를 관할하는 보이지 않는 손이었던 네차예프는 1860년대 비밀조직에서 활동하다가 배신한 이바노프가 밀고할 것을 염려하여 그의 살해를 지시한다. 그리고 이바노프는 실제 1869년 11월 21일 네차예프 일행에 의해 살해당했다. 네차예프의 조직에 가담했던 이바노프는 더 이상 그에 대한 복종을 거부하고, 그 조직을 떠나서 자기 주도하에 새로운 조직을 만들겠다는 암시를 남기며 그 서클과 관계를 끊었기 때문이다. 표트르 농업 아카데미 교내에서 살해된 이바노프의 시체는 연못 속에 던져졌다. 그는 소설 속에서 샤토프라는 이름을 부여받는다. 이 농업 아카데미에서 곧 시위가 발생할 것을 예상했던 도스토예프스키는 실제 이바노프 살해 사건이 발생하자, 자신의 예언이 실현된 것에 놀라지 않을 수 없었던 것이다.

그리고 네차예프의 행적과 이미지는 『악령』의 등장인물 표트르 베르호벤스키에게로 투사된다. 하지만 광신자, 금욕주의자, 폭군이었던 실제의 네차예프가 강한 의지력의 소유자였으며 그의 성격에는 음울하고 차가운 위엄이 있었던 반면, 소설에서는 표트르 베르호벤스키의 이미지에 희극적이고 비열한 면이 강조된다. 작가에게 중요했던 것은 실존 인물 네차예프의 이미지를 그대로 전달하는 것이 아니라, 그의 저열성을 그리는 것이었기 때문이다.

훗날 도스토예프스키는 『작가 일기』(1872~1876)를 통해 지금까지 이런저런 합리화를 해왔지만 젊은 시절 자신이 결국 공산주의에 빠진 것은 사실이라고 고백한다. 그리고 아직 철이 없던 시절이기는 하지만 어떻게 이런 오류에 빠졌는지 모르겠다며 슬픔에 잠겨 자문한다. 자신은 어떤 폭력도 쓰지 않았다고는 하나, 이 모임이 지속되었을 경우 네차예프 당원들이 걸었던 길과 자신이 특별히 다른 길을 걸을 수 있다고 장담할 수는 없으리란 것이다. 작가를 굳이 두둔할 생각은 없으나, 혈기왕성했고 불의를 참을 수 없었던 젊은 시절의 작가에게는 당시 그 길만이 민중을 사랑하고 해방시킬 수 있는 길로 생각되었다는 점도 이해되어야 할 것이다.

여하튼 결국 체포된 도스토예프스키는 최종 판결이 나기까지 8개월 동안 페트로파블로프스크 요새 감방에 구금되어 있었다. 토굴 감옥의 암흑에 파묻혀 지내야 했던 끔찍한 시간에 많은 구금자들이 자살을 시도하거나 미쳐 나갔다. 하지만 아이러니하게도 앞이 보이지 않는 그 시간에 도스토예프스키는 한층 더 강인함을 얻었다. 1849년 판결을 기다리며 감옥에서 쓴 메모는 그의 정신력을 생생하게 전달한다. "인간 내부에는 인내와 생명의 거대한 저수지가 있다. 사실 그것이 이토록 크리라고는 생각하지 못했다. 그러나 이제 난 경험으로 알게 되었다…… 낙담한다는 것은 죄악이다…… 나는 상황이 더 나빠질 거라 예상하고 있다. 그러나 난 지금 내 안에 고갈되지 않는 생명력이 비축되어 있다는 것을 느끼고 있다." 등……, 그리고 자기 운명의 결정을 기다리는 그 피 말리는 순간에 『작은 영웅』(1857)과 같은 가장 밝고 신나는 작품을 썼다. 절벽 끝에 아슬아슬하게 매달려 있는 상황에서 보여준 놀라운 힘이다. 이는 죽음을 목전에 두고도 삶의 에너지를 끌어올릴 수 있는 힘, 그 깊은 우물을 품고 살았기에 가능했던 강력한 낙관주의의 힘이 아니었을까.

죽음의 심연을 응시했던 사형 체험

마침내 페트라세프스키 사건에 대한 조사는 종결되었고, 군사법원은 다음과 같은 판결을 내린다. "퇴역 육군 소위 도스토예프스키는 범죄 음모에 가담했을 뿐만 아니라, 정교회와 통치 권력을 거스르는 괘씸한 표현으로 가득 찬 벨린스키의 편지를 유포시켰으며, 다른 용의자들과 함께 사설 인쇄소를 통해 정부에 반대하는 서적을 유포했으므로 모든 권리를 박탈함과 동시에 8년간의 요새 유형에 처한다." 황제는 여기에 "4년 동안 수감시킨 뒤 사병으로 지위를 강등시켜 복무시킬 것"이라고 덧붙인다.

하지만 황제 니콜라이 1세는 도스토예프스키를 포함한 회원들에게 사형을 언도하는 연극을 꾸민다. 그들을 이미 사면

해 놓은 상태였지만, 형식적인 사형 절차를 치른 뒤에 집행 유예 선고를 발표하라고 명령한 것이다. 형 집행과 관련된 세부 사항들은 모두 극비에 부쳐졌고 교수대의 규모, 죄수들이 입을 옷, 사제의 법의, 마차의 에스코트, 북연주, 요새에서 총살 장소까지의 이동, 칼 부딪치는 소리, 흰 수의의 준비, 형리의 역할, 죄수들에게 족쇄를 채우는 세부사항까지 황제가 몸소 관여했다.

1849년 2월 22일, 마침내 세묘노프스키 연병장에서 끔찍한 가짜 형 집행이 거행되었다. 도스토예프스키를 포함한 페트라 세프스키 회원 20명은 팔 개월 동안 군사기지 감옥에 갇혀 있다가 영하 20도의 모진 추위 속에 끌려 나간다. 연병장에는 이미 단두대와 말뚝이 스무 개 박혀 있었고 총을 가진 병사들이 일렬 횡대로 정렬되어 있었다. 단두대 위에 올라간 죄수들이 두 줄로 자리 잡자, 곧 이어 집행관이 사형 선고문을 읽었다. 그리고 총을 겨누는 바로 그 때, 집행관이 갑자기 손수건을 흔든다. 사격 중지를 알리는 신호였다. 죽음의 낭떠러지에 직면했던 그 순간, 도스토예프스키는 생의 서광이 내리 꽂히듯 삶과 죽음의 갈림길에서 벗어나게 된 것이다.

죄수들의 간담을 서늘하게 했던 이 연극은 자칭 민중을 사랑한다는 조무래기 지성인들을 한번쯤 혼쭐내주고, 죽음의 문턱까지 이르게 한 후 풀어주어 그들에 대한 황제의 자비심을 극대화하기 위한 것이었다. 이 극적인 사건이 그의 작가로서의 행보에 비옥한 거름이 되었다는 것은 두말할 나위가 없을 것이다. 이 체험은 20년이 지난 뒤 소설 『백치』(1868)를 통해 예술 언어로 옮겨지게 된다. 소설의 주인공 므이쉬킨 공작은 그가 방문했던 한 귀족의 집에서 리옹에서 목격한 단두대 사형 장면과 함께 사형 언도를 받았던 사람의 마지막 몇 분간에 대해 직접 언급하고 있다. 그는 소설 1부 5장에서 이 순간의 정신적 변화를 다음과 같이 전하고 있다.

이 사나이는 다른 이들과 함께 교수대로 끌려갔습니다. 그리고 사형 판결문이 낭독되었습죠. 그는 정치범으로 총살을 당할 운명이었습니다. 그런데 20분 뒤 집행 유예가 선포되고, 다른 처벌이 내려졌습니다. 그럼에도 불구하고 두 판결 사이의 20분이나 15분쯤을, 그는 몇 분 뒤면 갑자기 죽게 될 것이라는 확신으로 흘려보냈습니다. 그는 이상하리만치 또렷하게 모든 것들을 기억했고, 그 몇 분 동안 일어났던 어떤 일도 결코 잊지 못할 것이라 말하곤 했습니다. 군인과 구경꾼들이 빙 둘러 서 있는 교수대에서 20보 가량 떨어진 거리에 수인들의 수에 맞춰 말뚝이 흙 속에 박혀 있었답니다. 처음 세 명이 말뚝으로 끌려가 묶이고, 수의가 주어졌습니다. 그리고 총을 보지 못하도록 수인들의 눈 위로 흰 가리개가 씌워졌습니다. 그러고 나서 병사 몇 명으로 이뤄진 일개 대열이 각각의 말뚝을 바라보며 도열했습니다. 내게 이 이야기를 들려 준 사람은 여덟 번째 줄에 서 있었답니다. 그래서 그의 순서는 세 번째 그룹이었던 거죠. 사제 한 명이 십자가를 들고 그들 각각에게 다가갔습니다. 살아 있을 시간은 5분도 남지 않았을 것 같더랍니다. 훗날 그는 그 5분이 끝없는 시간의 확장, 거대한 재산처럼 느껴졌답니다. 그는 이 5분 동안에 최후의 순간 같은 것은 생각할 필요가 없을 만큼 충실한 생활을 할 수 있을 것 같은 느낌이 들어 그 동안에 할 여러 가지 일들을 처리했다는 겁니다. 우선 동료들과의 작별에 2분의 시간을 쓰고 이 세상을 떠나기에 앞서 자기 자신의 일을 생각하는 데 2분, 그리고 나머지 1분은 마지막으로 주위의 광경을 둘러보는 데 썼다는 것입니다. 이렇게 세 가지 일을 결정하고 그대로 실행에 옮겼는데, 그는 그 일을 상세히 기억하고 있었습니다. 당시 그는 스물일곱 살의 건강하고 튼튼한 청년이었습니다. 동료들에게 작별을 고하면서 그중 한 사람에게 상당히 한가로운 질문을 하고는 그 대답에 흥미를 느끼기까지 했다는 겁니다. 이윽고 동료들과의 작별인사가 끝나자 이번에는 자기 자신의 일을 생각하기 위해 할당한 2분이 다가왔습니다. 그는 자기가 무엇을 생각할 것인가를 미리부터 작정하고 있었습니다. 즉 자기는 지금 이렇게 존재하고 있다, 살고 있다, 그러나 3분 후에는 그 무엇이 되어버린다, 어떤 또 다른 인간, 그렇지 않으면 무엇인가가 되어 버리는 것이다, 도대체 그것은 뭘까? 이 문제를 될 수 있는 대로 빨리, 그리고 명확하게 해결하려고 했던 것입니다. 어떤 다른 인간이 된다면 과연 누가 될 것인가? 그리고 어디서? 이러한 문제들을 모두 2분 동안에 풀어버리려 했단 말입니다. 형장에서 멀지 않은 곳에 교회가 있었는데 그 금빛 지붕 꼭대기가 밝은 햇빛을 받아 반짝반짝 빛나고 있더랍니다. 그는 무서우리만큼 집요하게 이 금빛 지붕과 지붕에 반사된 햇빛을 바라보면서 그 광선에서 눈을 뗄 수 없었답니다. 마치 광선들이 그의 새로운 본성이고, 3분 후면 그는 어떻게든 그것들과 한 몸으로 용해될 것만 같았던 거죠. (중략) 하지만 그 순간 그가 무엇보다도 참을 수 없었던 것은 끊임없이 떠오르는 이런 생각이었답니다. '만일 내가 죽지 않는다면 어떨까, 만일 생명을 되찾게 된다면 어떨까, 그것은 얼마나 무한한 것이 될까, 그리고 그 무한한 시간이 완전히 내 것이 된다면, 그렇게 된다면 나는 1분의 1초를 100년으로 연장시켜 어느 하나도 잃어버리지 않을 것이다. 그리고 그 1분의 1초를 정확하게 계산해서 한 순간도 헛되어 낭비하지 않을 것이다'라고 다짐했다는 겁니다.

죽음 직전 남겨진 5분에 대한 작가의 단상은 인간 의식에 있어서 무한한 시간의 확장 가능성을 구현한다. 5분밖에 안 되는 시간이지만 평소에는 생각지도 못했던 초인적인 삶의 감각을 느끼고 있으며, 이것이 그 어떤 보물보다도 귀중하다는 것을 깨닫는 것이다. 사실 죽음의 문턱에 다가갔다가 삶으로 귀환한 사람들의 증언에 의하면, 죽음 직전의 그 짧은 순간에 자기 인생의 중요한 나날들이 필름처럼 한 순간에 지나가는 것을 목격했다고 이야기하는 경우가 많다. 삶에 대한 회환과 용서를 구해야 하는 사람들의 영상과 함께 말이다. 그리고 그들은 한결같이 이후에 기적처럼 다가온 새 생명에 대한 인식은 그야말로 환희 자체였다고 말한다. 죽음의 통로를 빠져나온 임사체험을 했던 이들의 느낌을 도스토예프스키도 강렬하게 체험했을 것이다. 다음은 사형 체험이 있었던 바로 그 날, 그가 형 미하일에게 쓴 편지의 일부분에서 느낄 수 있는 생(生)의 감각이다.

> 형, 나는 기운을 잃지도, 정신을 잃지도 않았습니다. 어느 곳에서의 삶이든 그것 역시 삶이고, 삶은 우리들 자신 속에 있는 것이지 결코 외부에 있는 것이 아니라는 것을 깨달았습니다. 어떤 재난이 몰아닥친다 해도 의기소침하지 않고 흔들리지 않는 것, 그것이 인생이고 바로 거기에 인생의 과제가 있는 것 아니겠습니까? 나는 이 점을 깨닫게 되었습니다. 이런 사고가 나의 살과 피가 되었습니다. (중략) 형, 그럼 안녕! 나 때문에 슬퍼하지 마십시오. 지금까지 이처럼 건강하고 풍족한 영적인 생명이 내 안에서 고동친 적은 없었습니다. 오 하느님! 얼마나 많은 심상들이 떠올랐는지! (중략) 지금 이 순간, 나는 과거에 만났던 모든 사람들을 기꺼이 사랑하고 포옹할 수 있을 것 같습니다. 오늘 죽음과 대면하고 소중한 사람들에게 작별을 고할 때가 되어서야 그런 사실을 깨달았습니다. 과거를 되짚어볼 때 아무런 가치도 없는 일에 얼마나 많은 시간을 허비했었는지요. (중략) 삶은 행복입니다. 매순간이 행복의 시간이 될 수 있습니다.

가짜 교수형이 끝나고 몇 시간 뒤에 씌어진 이 편지에는 바로 눈앞에서 죽음을 목격했다 살아난 인간의 감격이 배어 있다. 재판과 토굴 감옥에서 보낸 고통은 이 고귀한 삶의 가치에 비하면 아무것도 아니었다. 삶은 은총이며 행복이라는 생각이 삶의 터전으로 귀환한 작가의 흥분 속에 고동치고 있는 것이다. 그러나 아무리 강렬한 체험을 하고 난 후라도 얼마간의 시간이 지나면 슬금슬금 잊어버리는 것이 인간이 아니던가. 보통의 인간이라면 누구나 마찬가지겠지만, 도스토예프스키 역시 다시 살아나기만 하면 1분의 1초까지도 계산해서 한 순간도 낭비하지 않고 기쁘게 살겠다는 뜨거운 감정을 항상 유지하고 살 수는 없었을 것이다. 그래서였을까? 그는 매순간이 행복이 될 수 있다는 감정을 위해 노력하고 자신과 타인을 기쁘게 하는 삶을 살아야 한다는 인생 모토를 자기 소설의 가장 아름다운 내면을 소유한 자들에게 특별히 부여한다.

　『백치』의 므이쉬킨 공작에게서 언급되었던 위대한 삶의 은총은 『악령』의 티혼 주교, 『미성년』의 순례자 마카르 돌고루키로 이어진다. 티혼 주교의 정신세계를 계승하는 순례자 마카르 돌고루키는 러시아 전역을 구석구석 누비는 민중 순례자이다. 하느님의 교회를 위해 헌금을 모으는 순례여행은 마카르로 하여금 경이롭고 감동적인 경험을 하게 한다. 그리고 그의 형상은 『카라마조프가의 형제들』의 조시마 장로와 알료사의 모습으로 지속적으로 발전된다. 므이쉬킨 공작, 주교 티혼, 순례자 마카르, 조시마 장로가 공통적으로 보여주는 정신적 깊이와 너비는 삶은 그 자체로 은총이라는 것을 깨닫는 것이 결국 신의 왕국을 이 땅에 실현하는 첩경임을 드러낸다.

이 가운데 특히 조시마 장로는 기쁨과 환희의 가르침을 생생하게 몸으로 체현하는 인물이다. 하지만 소설 속에서 도스토예프스키가 조시마 장로에게 부여한 특징은 작가가 조시마에게 이단자의 모습을 부여했다는 비난까지 받아야 했던 것이었다. 제도권의 규율을 열심히 지키고 금욕을 철저히 수행했던 다른 수도자들과 달리 조시마 장로는 열심히 금욕 수행도 하지 않고, 다른 수도자들처럼 마귀의 위협과 죄의 공포심을 강조하지도 않는다. 그저 지상에 존재하는 것들을 사랑하라고만 한다. 고독 속에서 외따로 암자를 지어 침묵수행을 하는 수도자와 달리 그의 암자는 화려한 꽃으로 둘러싸여 있다. 게다가 늘상 미소를 지어 쪼글쪼글해진 그의 얼굴에는 웃음이 떠나질 않는다.

이런 조시마를 이단자로 몰아가는 듯한 분위기는 그의 죽음 이후에도 사라지지 않는다. 더구나 그의 시신 부패 냄새는 그를 질투하고 증오하던 사람들에게 자기 정당화의 증거가 되기도 했다. 열심히 수행을 했던 역대 장로들은 죽어서 심지어 향기까지 풍겼다는데, 단식도 거의 하지 않고 단것도 마다하지 않던 조시마 장로의 시신에서는 고약한 썩는 냄새가 풍겼기 때문이다. 이는 그를 사랑했던 모든 사람들의 기대를 완전히 저버리는 것이었다. 특히 조시마를 아버지처럼 생각하며 종교에 입문했던 알료사에게 이는 불명예와 수치, 그 자체였다. 향기를 풍기지는 못할 망정 코를 찌르는 듯이 썩어가는 시신의 악취는 알료사에게 과연 종교의 본질은 무엇인가를 생각하는 심각한 위기를 준다. 하지만 너무 고통스러워하며 방황하던 그에게 성총의 시간이 찾아온다.

스승의 시신이 놓인 방 구석에 앉아 속으로 흐느껴 울던 알료사는 한 신부가 성서 읽는 소리를 들으며 잠깐 잠이 든다. 일종의 가수면(假睡眠) 상태로 빠져 들어가던 그는 갈릴리 가나의 혼인잔치와 그 기적에 대한 꿈을 꾼다. 그리고 이 꿈을 통해 조시마 장로가 평생을 강조했던 '기쁨'의 의미를 깨닫게 된다. 잔치 도중에 포도주가 다 떨어지자, 어머니 마리야가 예수께 포도주가 다 떨어졌다는 것을 알리는 구절로 시작하는 내용을 들으며, 알료사는 예수가 어머니의 청을 받아들여 물을 포도주로 바꾸어 준 첫 번째 기적을 통해 그가 인간에게 '슬픔'이 아니라 '기쁨'을 주셨다는 사실, 즉 인간의 기쁨을 도와주셨다는 사실을 깨닫는다. 그리고 성서 속의 포도주가 바로 영원한 생명과 기쁨을 대변하는 상징이라는 것을 간파한다. 포도가 자신의 형체를 잃고 발효되어 깊은 포도주의 맛을 내듯이, 조시마의 '썩음'을 통해서 알료사라는 새 '열매'를 맺는 성서의 상징을 작가는 활용한 것이다.

그리고 꿈속에서 온화한 미소를 지으며 걸어나오는 조시마는 알료사에게 아무것도 두려워하지 말라며, '그분은 우리를 사랑하는 마음에서 우리와 함께 즐거움을 나누고 계신다'고 이야기한다. 조시마 장로의 이야기를 듣고 난 후, 그는 자신의 전 생애를 뒤흔드는 강렬한 느낌을 받는다. 가슴속에서 무언가 확 불타올라 찌르는 것 같은 느낌이 눈물이 되어 왈칵 쏟아져 나온다. 알료사의 체험은 마치 성령의 불세례처럼 영적인 거듭남의 순간에 대한 도스토예프스키적인 묘사라 할 수 있다. 그리고 이러한 개안(開眼)은 침체와 우울에 빠져 있던 알료사를 강한 결단력을 가진 기쁨에 찬 인간으로 변모시킨다. 알료사에게 다가왔던 바로 그 뜨거움과 새 인간으로 재탄생했다는 생의 감각이 도스토예프스키가 죽음의 갈림길에서 건져 올린 '삶은 그 자체로 기쁨'이라는 생각의 원천은 아니었을까.

수감생활과 유형의 고통을 통한 부활

죽음의 문턱에서 가까스로 빠져 나오긴 했지만, 도스토예프
스키에겐 4년간의 시베리아 징역과 4년간의 병역 의무가 기다
리고 있었다. 1850년 1월 23일, 그는 시베리아 옴스크의 유형수
부대에 도착하게 된다. 여기서 보내게 된 4년간의 시간은 생매
장된 채, 관 속에 들어가 있던 세월에 비유되기도 한다. 훗날
그는 동생 안드레이에게 그 기간은 1분 1초가 영혼을 돌로 압
박하는 듯한 고통의 연속이었다고 쓰고 있다. 그는 그 기간 동
안 살인범, 강도, 폭력범, 저능아들과 함께 강제노동을 하며 추
위와 굶주림, 위장병, 류머티스, 그리고 신경발작에 시달렸다.
이 끔찍한 세월에 대한 기억은 소설 『죽음의 집의 기록』
(1861~1862)과 『죄와 벌』의 에필로그 소재로 사용되고 있다.

특히 『죽음의 집의 기록』에서는 지옥과 같은 혹독한 감옥 생활, 악취와 오물에 둘러싸인 삶, 짐승과도 같은 수인들의 모습, 귀족출신 수감자들에 대한 수인들의 불같은 분노가 생생히 묘사된다. 시적 상상력이 아니라 작가 자신의 체험을 그대로 기록했다는 점에서 독자들에게 남긴 인상은 강렬했다. 작가에게는 생지옥의 체험이었지만, 강철은 불속에서 단련되듯이, 작가의 눈물을 먹고 자란 예리한 통찰력의 꽃은 그가 인간 범죄 심리와 죄의식의 원인을 분석하는 보배가 되었다.

또한 그는 수감생활을 통해 인간의 의지와 자유의 상관성 역시 뼈저리게 느꼈다. 그는 '죄수'라는 단어의 의미는 의지가 없는 인간을 나타낸다는 것과 유형생활의 모든 특성은 '자유의 상실'이라는 단 하나로 귀결된다는 점을 깨달았다. 『죽음의 집의 기록』에서도 나타나듯이 결국 죄수들이 그토록 우울하고 병적일 정도로 신경질적인 것은 자유를 박탈당했다는 느낌 때문이라는 것이다. 따라서 최소한의 자기 영역을 지키기 위해 혈안이 되어 있는 그들의 사투는 인간으로서의 최소한의 존엄성 보존을 위한 것이다. 여기서 자유가 내포하는 함의는 인간 개성의 문제와 자연스럽게 맞물리게 된다.

감옥이라는 폐쇄된 공간은 그 특성상 인간의 극단적인 여러 속성이 표출될 수밖에 없는 곳이다. 그가 훗날 창조한 독특한 개성의 원형들은 바로 시베리아 감옥에서 만난 죄수들이었다. 악한 인간을 사로잡고 있는 악의 형상이 흉악한 죄수들의 이미지와 결합되어 그의 뇌리에서 명확해지기 시작했던 것이다. 동시에 그는 드물긴 하지만 죄수들 가운데 진정한 인간의 모습과 함께 그들의 아름다운 본성을 발견하기도 한다. 그리고 이를 오물 밑에 깔린 금을 발견하는 기쁨에 비유한다. 그 한 예로 작가는 사기죄로 감옥에 온 젊은 키르키즈인에게 러시아어를 가르쳐주었는데 그가 너무나 고마워했던 경험을 술회한다. 『죽음의 집의 기록』에서 이 사람은 타타르 청년 알레이로 등장한다. 자신은 여기서 만나게 된 이런 선한 이들의 삶을 보며 힘든 수감생활을 버텨낼 수 있었고 그들을 알게 된 것이 자랑스럽다고 표현한다.

그 외에도 옴스크 감옥에서 만난 한 인물은 『카라마조프가의 형제들』에서 부친 살해 혐의로 시베리아로 유형을 가는 불 같은 성격의 큰 아들 드미트리의 모델이 되었다. 실제 『카라마조프가의 형제들』의 초고에서는 드미트리 카라마조프의 이름이 그 죄수의 이름을 따서 일르인스키였다. 또한 이는 『죽음의 집의 기록』 제1장에 나오는 부친 살해범의 이름이기도 하다. 도스토예프스키가 감옥에서 만난 그 인물은 귀족 출신이었지만 공직에 있던 예순 살의 아버지에게는 탕자 같은 존재였다. 나쁜 짓을 일삼던 아들이 많은 빚을 지게 되자 아버지는 그를 가둬두려 했다. 그러자 집과 농장을 소유하고 있던 아버지의 유산이 탐이 났던 그가 아버지를 살해했다는 것이다. 이 범죄 사실은 아버지의 시신이 발견되면서 한 달 후에나 밝혀졌는데, 그동안 이 아들은 아주 방탕한 생활을 하고 있다가 체포되었다. 그는 스스로 범행을 자백하지는 않았지만 결국 귀족 신분과 관직을 박탈당하고 20년이라는 중노동형을 선고 받게 되었다.

하지만 시베리아 옴스크 감옥에서 작가가 만난 그는 항상 밝고 명랑했다. 다만 책임감이라곤 전혀 없는 경박한 사람인 건 분명했다. 도스토예프스키는 그에게서 특별히 잔인한 면은 찾아볼 수 없었으며, 그가 그런 끔찍한 일을 저질렀을 거라고는 믿지 않았다. 하지만 그에 관한 이야기를 알고 있는 고향 사람들이 사건 자초지종을 얘기한 대로라면, 그의 범죄 사실은 너무도 명백해서 믿지 않을 수가 없었다.

하지만 결국 작가의 직관이 옳았던 것으로 밝혀졌다. 사실 그 범인은 아무 죄도 없이 10년 동안이나 징역살이를 하고 있었던 것이다. 진짜 범인들이 체포되어 자신들의 혐의를 인정하면서 그의 무죄는 법정에서 공식으로 인정되었다. 그리고 이 불행한 남자는 형무소에서 석방되었다. 도스토예프스키는 부친 살해 혐의의 누명을 뒤집어 쓴 무고한 죄인의 비극적 운명에 큰 충격을 받지 않을 수 없었다. 그리고 16년 동안 그가 간직했던 이 끔찍한 사건에 대한 기억이 『카라마조프가의 형제들』에서 아버지를 살해하지는 않았지만 시베리아 유형을 가게 되는 큰 아들 드미트리의 모습으로 구체화된다.

도스토예프스키의 수감생활은 무수한 작품 캐릭터가 태어나는 산실이 되었을 뿐만 아니라, 작가의 사상 역시 새로 태어나는 분기점이 되었다는 점에서 중요하다. 그의 거듭남은 오래도록 잊고 지냈던 성서를 다시 펼치면서부터였다. 성서는 도스토예프스키 일행이 족쇄를 차고 포장 없는 마차에 실려 시베리아 귀양지에 도착했을 때 그들을 따뜻하게 맞이해준 폰비지나라는 여인의 선물이었다. 그녀는 1825년 12월 청년 귀족 장교들이 러시아의 왕정과 농노제도를 타파하기 위해 들고 일어났던 데카브리스트 혁명에 참여했던 폰비진의 부인으로서, 이 반란에 가담했다는 죄목으로 귀양 온 남편의 옥바라지를 위해 모스크바의 화려한 생활을 버리고 25년간이나 이곳에 살고 있는 여인이었다. 그녀가 준 성서는 도스토예프스키가 4년 형기 중 지닐 수 있도록 허락된 유일한 책이었다. 그는 4년간의 수감 생활 내내 베개 밑에 그것을 고이 간직했다.

이 때문이었을까? 가랑비에 옷 젖듯이 조금씩 성서를 읽어나가며 그는 자신도 느끼지 못하는 사이에 그리스도를 사랑하게 된다. 시베리아 유형 전, 과격한 성향을 띤 사회주의자이자 공상적 혁명가, 무신론자였던 그가 변모한 것이다. 도스토예프스키의 변화의 단서는 토볼스크에서 복음서를 건네주었던 폰비지나에게 보낸 편지 속에서 발견된다. 도스토예프스키는 이 편지에서 그리스도보다 더 아름답고 심오하며, 연민에 넘치는 동시에 합리적이고, 용기 있는 완벽한 존재는 없다고 쓰고 있다. 더 나아가 설령 누가 자신에게 그리스도는 진리 밖에 있는 존재라고 증명해 보일지라도, 자신은 진리보다는 그리스도와 함께 남는 쪽을 택하겠다고 단언하고 있다. 설령 그리스도가 진리가 아닐지라도 그리스도와 함께 하겠다는 의지의 표명은 그의 놀라운 사상적 전환을 대변하는 것이다.

이렇게 시베리아 감옥에서 만난 도스토예프스키의 그리스도는 그에게 가장 아름답고 완벽한 인격체의 모습으로 다가왔다. 또한 그는 감옥에 수감되어 있는 죄수들 역시 아무리 흉악한 살인범이라도 그리스도를 사랑했으며 그리스도에게서 버림받을까 두려워한다는 사실을 깨닫게 된다. 그리스도는 저 멀리 있는 것이 아니라 이렇게 러시아 민중들 가슴에 뿌리내려 있었던 것이다. 그리스도의 눈부신 인격이 죄수들의 삶에서조차 영원한 중심으로 차지하고 있다는 생각은 그에게는 놀라운 것이었다.

때문에 이런 작가의 심정이 그대로 투사된 『죄와 벌』의 에필로그는 특별한 위치를 차지한다. 노파를 살해한 혐의로 시베리아 감옥에 오게 된 라스콜리니코프의 유형생활을 뒷바라지하기 위해 따라온 거룩한 창녀 소냐는 이곳 죄수들에게 또 다른 그리스도의 모습으로 인식된다. 죄수들에게 소냐는 그 자체로 그들의 정신적 어머니이자, 또 다른 그리스도의 모습으로 인식되었기에 그들은 모두 소냐를 사랑한다. 결국 라스콜리니코프 역시 소냐가 짊어지는 수난과 겸손의 의미를 받아들이게 된다. 그녀의 도움으로 지적 오만과 자기 합리화에서 벗어나게 된 것이다. 이것이 소위 똑똑한 말로 자기주장을 펼쳐가며 홀로 떨어져 살던 모습에서 내려와, 허물과 죄투성이지만 그래도 그리스도를 사랑하는 민초들 속으로 작가 자신이 녹아들어갈 수 있었던 계기를 반증하는 것이기도 했다.

이후 완전히 달라진 도스토예프스키는 자신이 혁명 활동에 몰두했던 시기를 그리스도에 대한 부정인 동시에 러시아 민중에 대해 일종의 범죄를 저지른 시기로 간주하게 된다. 세월이 지나 "선생님 같은 분을 유형 보내다니 이 얼마나 부당한 처사입니까?"라는 사람들의 말에 그는 곤혹스러워하며 "아닙니다. 정당한 처사였습니다. 그렇지 않았다면 민중이 나를 처벌했을 것입니다."라고 말했다고 한다. 도스토예프스키의 의식 속에서 러시아 민중들과 그들이 사랑하는 그리스도가 하나의 등식으로 연결되어 있는 것을 볼 수 있는 대목이다. 이렇게 무신론적 사회주의자에서 그리스도를 사랑하는 인간으로 다시 태어나게 된 작가는 1854년 2월 15일, 드디어 옴스크의 유형수 부대에서 풀려난다. 진정 '죽음의 집'에서 죽어 자유의 새 몸으로 부활한 것이다.

사랑과 도박의 광기

　도스토예프스키는 일반인들보다도 어떤 신념이나 사람, 상황에 강력하게 '사로잡히거나', '들리는' 기질을 타고 난 것 같다. 이런 특성은 그에게 잔인한 쾌락이었던 동시에 고통이기도 했던 '사랑'과 '도박'에서도 그대로 드러난다. 도스토예프스키를 덮쳤던 첫 번째 열정은 그가 징역 형기를 가까스로 마치고 세미팔라틴스크 주둔 제7대대 보병 연대에서 병역 의무를 수행하고 있을 때 찾아왔다. 세미팔라틴스크는 몽고와의 접경에서 그리 멀지 않은 인구 오천의 벽지였다. 그곳의 병사들 중엔 부자에게서 돈을 받고 대신 입대한 사람, 지주가 형벌 대신에 군대로 보낸 농노, 부모 없이 자란 고아들이 많았다. 옴스크 감옥의 죄수들보다 결코 질이 좋다고 볼 수 없는 집단

속에서 작가는 일개 병사로서 근무해야 했다. 하지만 징역살이 할 때보다는 자유로운 시간이 많았고 독서와 글쓰기도 허락되었기에 그는 숨통이 트이는 것 같았다. 그리고 1854년, 때마침 신임 행정관 브랑겔 남작이 페테르부르그로에서 세미팔라틴스크에 부임해 왔는데, 가난한 사람들 을 통해 도스토예프스키를 알고 있던 그는 작가를 여러모로 도와주었다.

이 시기에 도스토예프스키는 인생의 첫 반려자를 만나게 된다. 브랑겔 남작이 이 지역의 소위 '상류 사회'로 그를 끌고 다니면서 미래의 부인 마리야 드미트리예브나 이사예바를 만나게 된 것이다. 그녀는 책을 많이 읽어 훌륭한 교양과 예민한 감수성을 지니고 있었다. 게다가 가냘프고 정열적인 아름다운 금발 미인이었기에 도스토예프스키는 금새 그녀에게 빠져 들었다. 하지만 그녀는 이미 알렉산드르 이사예프라는 교사와의 사이에서 아들 하나를 둔 유부녀였다. 그녀가 유부녀라는 사실 뿐만 아니라, 당시 그녀가 주정뱅이 남편과 빈곤으로 인해 실제로는 처참한 생활을 했다는 점이 그의 마음을 더 아프게 했다.

여하튼 당시 마리야 이사예바에게 완전히 매혹당해 있던 도스토예프스키는 끊임없이 그녀에게 구애를 한다. 브랑겔 남작은 그들의 사랑을 마땅치 않게 여기면서도 여러 면에서 그들을 도와줄 수밖에 없었다. 사랑 때문에 괴로워하는 도스토예프스키를 위로하기도 하고, 1855년 쿠즈네츠크로 마리야의 남편이 전근가게 되었을 때는 남편 이사예프에게 억지로 술을

권해서 취하게 한 뒤에 그들이 마지막 작별을 하도록 해 주기도 했다.

마리야가 떠난 후, 도스토예프스키는 힘겨웠지만 나름대로 마음을 잡으려고 노력한다. 하지만 얼마 후 남편의 술버릇 때문에 견딜 수 없으며 몸이 아파 너무 힘들다는 그녀의 편지를 받고는 안절부절 못한다. 그렇게 도스토예프스키가 속을 태우고 있을 무렵 마리야의 남편이 앓다가 숨을 거두었고, 1857년 2월 6일 도스토예프스키는 우여곡절 끝에 당시 서른 한 살이었던 그녀와 결혼에 골인한다. 그러나 막상 그녀와의 부부생활은 쉽지 않았다. 그녀는 폐병을 앓는데다가 유난히 히스테리가 심하고 허영심과 질투심으로 꽉 차 있었다.

마리야 이사예바와 알코올 중독자로 직장을 잃은 그녀의 전 남편인 이사예프는 소설 『죄와 벌』에서 소냐의 아버지인 마르멜라도프와 폐결핵으로 고생하는 새 어머니 카테리나 이바노브나로 새 생명력을 부여받는다. 주정뱅이 하급 관리 마르멜라도프가 주인공 라스콜리니코프에게 자기 아내에 대해 술집에서 떠벌리는 내용에는 작가의 첫 부인의 삶의 여정과 성격이 고스란히 녹아나고 있다. 인생의 모든 것을 걸고 결혼했지만 신혼의 단꿈은 잠시였다. 더구나 이 시기 그는 한 달이 멀다하고 간질 발작이 일어났다. 그래서 친구들의 도움으로 황제 알렉산드르 2세에게 전역 허가 신청서를 올렸고, 이것이 받아들여져 마침내 1859년, 10년 만에 페테르부르크로 귀환하게 된다.

도스토예프스키가 부재했던 지난 10년 동안 러시아는 커다란 변화에 직면하고 있었다. 과거 농노제도가 끝나고 1861년 농노해방을 앞둔 고조된 사회 분위기가 팽배해 있었다. 작가 역시 이런 분위기에 고무되어 새롭게 문필활동에 착수한다. 도스토예프스키가 유형생활을 하는 동안 담배공장을 경영하던 형 미하일은 아우가 돌아오자 지난날의 문학적 열정을 되살려 공장을 팔아 치우고 아우를 전속 작가로 삼아 잡지「시간(브레먀)」을 1861년에 발간한다. 그리고 도스토예프스키는 시베리아 옥중생활의 체험을 바탕으로 한 『죽음의 집의 기록』과 『학대받은 사람들』(1861)을 이 잡지에 발표하며 문단에 복귀하게 된다.

문예지의 편집 마감일을 맞추어야 했기 때문에 잦은 철야가 이어지는 힘겨운 생활이 계속되었지만, 1862년「시간」지의 경영이 순조로워지고 『죽음의 집의 기록』 출판으로 경제적 여유가 생기자 도스토예프스키는 유럽 여행을 계획한다. 그리고 1862년 6월부터 9월에 걸쳐 독일, 프랑스, 이탈리아, 스위스, 영국을 여행한다. 이 인상을 담은 여행기가 『여름 인상에 대한 겨울 기록』(1863)을 통해 발표된다. 이 여행기는 주로 파리와 런던에 대해 기술되어 있는데, 파리 시민들의 비속함, 런던의 자본주의 등 유럽에 대한 환멸적인 느낌이 지배적이다. 도스토예프스키에게 일찍이 위대한 프랑스 혁명의 전통이 숨 쉬어야 할 도시로 생각되었던 파리는 부르주아의 탐욕과 비속함, 물질만능 풍조가 만연된 허위와 기만이 가득 찬 도시로 다가왔다. 그는 파리의 부르주아주의는 자기만족적인 마취 상태에 빠져 있으며, 그들의 부르주아 본성에는 노예근성이 배어 있다고까지 비판했다.

도스토예프스키에게는 런던 역시 부르주아적 기운이 악마적인 맹위를 떨치고 있는 도시로 느껴졌다. 바알 신(神) 같은 거대하고 화려한 런던이 세계 자본주의의 수도라는 점, 그리고 이 도시에 세계 박람회의 화려한 성과와 빈민굴들이 공존한다는 사실은 식민 제국의 끝없는 물질과 권력 추구의 실상과 비극성을 여실히 드러내는 것으로 생각되었다. 그는 세계박람회로 몰려든 무수한 사람들을 하나로 규합하는 엄청난 자본주의 체제의 힘을 바알의 왕국이자 인간의 희생물이 바쳐지는 악마로 간주한다. 그리고 이 수정궁 같은 도시와 세계 박람회는 『지하생활자의 수기』에서 전 세계에서 몰려온 무수한 사람을 한 무리로 만들어버리는 소위 '사회주의적 수정궁'으로 변형되어 작가의 신랄한 비판을 받게 된다.

이와 같이 『여름 인상에 대한 겨울 기록』은 작가의 철학적 사색의 영역으로 들어가는 관문인 『지하생활자의 수기』에서 더욱 확대 발전된다. 『지하생활자의 수기』의 주인공인 소위 '지하인'은 고귀한 인간들의 반대편에서 그들의 실증주의, 공리주의, 이성주의를 공격한다. 그는 인간이란 생각처럼 순수하고 이성적인 존재가 아니라 변덕스럽고 부도덕한 본성을 지니고 있다고 솔직히 인정한다. 그런 맥락에서 인간 이성을 토대로 세워진 사회주의적 수정궁은 지상낙원이 아니라, 소위

'닭장'이고 '개미탑'에 불과할 수밖에 없다고 주장한다.

그러나 개체의 인격이 배제된 유럽의 '개미탑'과 달리 러시아인의 본성에는 형제애적 공동체에 대한 욕구가 있다는 점을 작가는 강조한다. 이렇게 그의 유럽 여행은 서구주의를 배격하고, 러시아 민족주의와 유사한 슬라브주의나 대지주의를 옹호하는 그의 사상적 근거를 마련하게 되었다. 그의 반유럽주의 정서는 이후 소위 '유럽 문명론자'인 『미성년』의 주인공 베르실로프의 형상을 통해 재차 구현된다. 현대 문명의 온갖 질병을 앓고 있는 베르실로프의 의식 속에서 모든 것은 흔들리며 분열된다. 베르실로프의 관념은 모호하고 그에게 진리는 상대적이기에, 그의 믿음은 불신과 다를 바 없다고 낙인찍었던 것이다.

1863년 8월 도스토예프스키는 또 한 차례의 해외여행을 떠나게 된다. 이번 여행에서는 아폴리나리야 수슬로바라는 여인과의 뜨거운 사랑이 약속되어 있는 듯했다. 물론 첫 번째 부인 마리야와도 열렬한 로맨스의 감정으로 결혼하긴 했지만 그들이 함께한 7년간의 결혼생활은 작가에게 너무 힘겨웠다. 게다가 마지막 몇 년간은 별거 상태로 지냈다. 그 기간에 그는 자신에게 접근해오는 수슬로바라는 당돌한 아가씨에게 자연스레 마음을 빼앗기게 된다. 그녀는 게르첸과 프루동을 읽었고, 사회문제에 관심이 많았으며, 여성 해방을 옹호했다. 원래 문학에 재능이 있었던 그녀는 1861년 도스토예프스키 형제가 발간한 「시간」에 단편을 발표하면서 그와 가까워졌다.

당시 스물 두 살이었던 그녀는 문학 강연회에서 『죽음의 집의 기록』을 열정적으로 낭독하던 도스토예프스키의 모습에서 고난 받는 시대의 영웅을 보았고, 이로써 그에게 매력을 느꼈던 것 같다. 그리고 1861년 가을, 그녀는 도스토예프스키에게 마음을 담은 편지 한 통을 보냈고, 이를 계기로 그는 이 새파란 작가와 열렬한 사랑에 빠진다. 처음엔 그녀를 한갓 호기심 많은 문학소녀로 받아들였으나 날이 갈수록 자기주장이 강하고 오만스럽기조차 한 그녀에게서 신선한 매력을 느꼈던 것이다.

여하튼 그녀에 대해 끓어오르는 감정을 주체할 수 없었던 작가는 둘만의 유럽여행을 계획했다. 하지만 1863년 「시간」의 폐간 문제로 발이 묶여 있어, 그들은 함께 떠날 수는 없었다. 수슬로바가 먼저 출발하고, 나중에 파리에서 만나기로 약속했다. 그리고 얼마 후 작가는 프랑스로 출발했는데, 가는 도중에 비스바덴에서 나흘 동안 머물면서 룰렛 도박에 손을 대게 된다. 이후 계속된 도박에 대한 작가의 비극적 열정은 여기서 시작되었던 것이다.

한편 몇 달 먼저 출발한 수슬로바는 작가가 도착하는 것을 기다릴 겨를도 없이 어느새 파리에서 알게 된 살바도르라고 하는 스페인 출신의 의과대학생에게 열을 올리고 있었다. 그리고 얼마 후 그 사내에게서 버림을 받자 다시 도스토예프스키를 찾아와 배신한 남자를 욕하며 소리 내어 통곡한다. 오히려 도스토예프스키는 그녀를 달래야 하는 어처구니없는 상황에 직면하게 된 것이다.

결국 그들은 애인보다는 남매와 같은 감정으로 여행을 하기로 했다. 하지만 이건 쉬운 일이 아니었다. 여행 도중 작가는 끊임없이 수슬로바에게 사랑을 구했다. 하지만 그녀는 기분에 따라 어떤 때는 응해주고, 또 어떤 때는 찬바람이 불 정도로 쌀쌀맞게 대했다. 석달내내 도스토예프스키는 수슬로바에 대한 증오와 사랑을 동시에 곱씹으면서 여행할 수밖에 없었다. 동시에 그는 여행 내내 도박에 빠져서 헤어나질 못했다. 그에게 수슬로바와 룰렛을 향한 두 가지 열정은 하나로 뒤엉켜 풀 수 없는 실타래와 같은 것이었다.

도박걸기의 흥분, 카지노의 분위기, 룰렛 테이블에 둘러서 있는 탐욕스런 인파, 수북이 쌓인 금화, 물주가 외치는 소리, 심장 박동소리, 파멸의 불길한 전조와 일확천금을 얻을 것 같은 희망, 이 모든 것이 그의 시적 정신과 영혼을 사로잡았다. 특히 그에게 중요한 것은 돈을 따고 싶은 갈증이나 백만장자에 대한 꿈이 아니라 모험과 도전의식으로 가득 찬 질식할 것 같은 흥분상태였다.

결국 도스토예프스키는 바덴바덴에서 마지막 한 푼까지 잃고 빈털터리가 되고 만다. 그는 형에게 자신의 도박 전략을 믿었노라, 또 자신과 형과 형수를 위해, 소설을 쓰기 위해 많은 돈을 따고 싶었노라고 고백한다. 하지만 돈의 부족이나 미래에 대한 고민은 단지 핑계에 불과했다. 그는 도박을 위한 도박을 사랑했고, 그것의 저열함과 공포, 달콤한 고통을 사랑했다.

그의 본성은 항상 극단적인 감각들, 운명과의 한판 승부, 파멸의 전조 등을 필요로 했는지도 모른다.

소설 『도박꾼』(1866)은 도박에 함몰된 작가의 심리가 그대로 반영된 작품이다. 이 작품의 화자인 젊은 귀족 알렉세이 이바노비치는 두 가지 열정, 자고란스키 장군의 딸 폴리나에 대한 사랑과 룰렛을 향한 열정에 사로잡힌다. 여주인공 폴리나는 아폴리나리야 수슬로바의 이름과 그 열정적이고 당당한 성격을 모두 이어받고 있다. 이러한 자서전적인 소재가 도입됨으로써 남자 주인공 알렉세이 이바노비치가 다름 아닌 작가 자신을 모델로 삼고 있다는 것을 쉽게 짐작하게 된다.

알렉세이 이바노비치는 몰락한 퇴역 장군 자고란스키의 아이들을 가르치는 가정교사로 여주인공 폴리나를 사랑한다. 하지만 폴리나는 알렉세이 이바노비치의 사랑에 대해 이중적인 태도를 보임으로써 그의 감정을 혼란스럽게 한다. 그녀는 여러 남자들과 석연치 않은 관계를 가짐으로써 알렉세이 이바노비치를 괴롭히고 끊임없는 궁금증을 유발시킨다. 알렉세이 이바노비치는 폴리나가 자신을 사랑하는지 그렇지 않은지 알지 못하기 때문에 더욱 그녀의 비밀을 꿰뚫어 보고 싶어했던 것이다. 하지만 폴리나로부터 더할 수 없는 모욕을 당하는 그는 자신의 감정을 이렇게 분석하고 있다.

결코 내가 그녀를 차지할 수 없다는 사실과 내 공상들을 절대 실현시킬 수 없다는 사실을 내 자신이 확실하고 분명하게 깨닫고 있다는 생각, 바로 그 생각이 그녀에게 대단한 쾌감을 가져다준다. 그렇지 않고서야 신중하고 영리한 그녀가 그렇게 솔직하고 허물없이 나를 대할 수 있겠는가? 지금까지 그녀는 자신이 마치 고대의 여왕이라도 되는 것처럼 나를 보아 온 것 같다. 여왕은 자신의 노예를 사람으로 보지 않았기 때문에 그가 보는 앞에서 옷을 벗어 젖혔던 것이다. 그렇다, 그녀는 몇 번씩이나 나를 사람으로 취급하지 않았던 것이다.

알렉세이 이바노비치의 의식은 점점 더 분열되어 가며, 이로 인해 행동 또한 극단으로 치닫게 된다. 자신이 그녀의 손바닥 위에서 놀아나고 있는 것은 모욕을 당하면서도 그녀에게 맹종하기 때문이라고 생각한다. 그러면서도 사랑을 얻기 위해서 자신의 인격을 포기하고, 자신이 흠모하는 여인에게 비굴한 노예가 되어 준다. 동시에 여자를 사랑하면 사랑할수록 그 여자를 더욱 심하게 증오하게 되는 감정을 맛본다. 여인에 대한 모욕감으로 괴로워하는 동시에 이런 치욕 속에서 여태껏 몰랐던 어떤 쾌감이 있다는 사실을 지각하게 되는 것이다. 타락과 수치에서 오는 자기 학대의 관능성은 이후 『지하생활자의 수기』의 주제 가운데 하나로 변형된다.

사랑하면서도 끊임없이 고통을 주는 기묘한 관계였던 두 사람! 도스토예프스키는 수슬로바가 자신이 그녀를 사랑한다는 것을 알면서도 자신을 끊임없이 경멸하며 고통을 준다고 하소연한다. 수슬로바가 왜 이렇게 행동 했는지 구체적으로 밝혀진 바는 없다. 하지만 그녀는 일기에서 이유는 알 수 없으나 도스토예프스키를 자신의 신념을 말살시킨 최초의 인물로 기록하고 있다. 도스토예프스키에게서 받은 일종의 모욕감으로 그에게 복수를 하고 싶다는 잠재의식이 있었다는 것이다. 여하튼 여성 해방을 부르짖는 열성분자이자 니힐리스트였던 수슬로바는 도스토예프스키의 후속 장편소설에서 가장 눈길을 끄는 여주인공의 원천이 된다. 『도박꾼』 이후, 소설 『백치』의 나스타샤 필립포브나와 아글라야, 『카라마조프가의 형제들』의 카테리나 이바노브나와 그루셴카와 같은 자기 열정과 파괴적인 에로스의 힘을 그대로 노출시키고 있는 여주인공들, 남성주의적 관점에서는 소위 '악녀'로 일컬어지는 그들은 수슬로바에서 파생된 인물들이다.

몇 달간 계속되었던 도스토예프스키와 수슬로바의 해외여행은 그해 10월 말로 막을 내린다. 하지만 그들의 끈질긴 인연은 도스토예프스키가 두 번째 결혼을 한 이후에도 얼마 동안 편지를 통해 계속되었다. 한편 일단 러시아로 돌아온 도스토예프스키는 결핵으로 심각한 지경이었던 아내의 병상을 지킨다. 자신을 고통스럽게 했던 아내의 마지막을 돌보며 희생과 보속의 심정을 가졌던 것 같다. 그러나 고통은 꼬리를 물고 한꺼번에 몰려온다고 했던가. 아내의 죽음 뒤 그의 정신적 지주였던 형 미하일의 죽음도 잇달았다. 1864년은 그에게 가장 고통스런 해였다.

가난과 파산의 늪

당대 러시아에서 가장 많이 팔린 책을 쓴 작가 중 한 사람이었던 도스토예프스키. 오늘날의 관점에서 본다면 가만히 앉아 인세를 받아가며 남부럽지 않은 글쟁이로서의 삶을 살 수도 있었을 그 사람. 하지만 그는 아이러니하게도 돈 앞에서만은 유명세에 걸맞지 않게 주눅 들고 쩔쩔 맸다. 그렇다고 해서 그가 돈을 좋아해서 돈에 발발 떨었다는 의미는 아니다. 어떤 때는 마치 돈 쓰는 일에 한풀이라도 하듯이, 정신없이 돈을 써제치기도 했다. 상인 딸과 결혼할 정도로 자본주의적 마인드를 품고 살았던 아버지와 달리, 그는 돈에 관한 한 낭만주의자로서의 삶을 구가했다. 때문에 그는 항상 돈이 부족했다.

또한 그다지 어렵지 않은 상황이었어도 그는 돈이 부족하다는 말을 입에 달고 살았다. 돈에 관한 한 이런 저주에 걸렸던 때문일까. 실제로 그는 평생에 걸쳐 돈으로부터 자유롭지 못했다. 일찌감치 전업 작가의 길로 들어섰던 터라 글 쓰는 것 외에는 특별한 밥벌이 수단이 없었던 그에게 항상 출판 마감일을 맞춰야 했던 절박함은 특히 그의 심신을 괴롭히는 요인이 아닐 수 없었을 터였다.

돈에 대한 작가의 푸념이나 하소연은 이미 육군 공병학교 시절 아버지에게 보낸 편지에서도 빼곡하다. 거의 모든 편지가 아들의 생각에 더할 수 없이 인색한 사람이었던 아버지한테서 돈을 우려내기 위한 각종 묘책으로 가득 차 있다. 도스토예프스키의 수사법과 필력이 아버지에게 보낸 편지글의 연습으로 가능했다는 우스갯소리가 있을 정도이다. 아무튼 도스토예프스키는 돈 문제에 관한 한 짠돌이였던 아버지를 절대 닮지 말아야지 하는 생각에 목숨을 걸었던 것 같다.

어찌되었건, 자업자득이기도 했고 환경 탓이기도 했던 피말리는 가난의 원인으로는 대체로 그의 허영심, 형과 함께 창간한 잡지의 파산, 수슬로바를 만나러 가면서 비스바덴에서 손을 댄 도박을 들 수 있다. 이것들이 서로 맞물리고 발목을 잡으면서 눈덩이처럼 빚은 불어난 것이다. 먼저, 그는 돈에 관한 한 상류 사회 자제 못지않은 여유를 부리고 싶었던 것 같다. 사실 육군 공병학교를 졸업했을 때 그는 그다지 쪼들리는 생활을 하진 않았다. 육군 소위로 임관한 후 일정액의 근무수당을 받았으며, 아버지가 사망한 후 영지에서 나오는 소득도 매달 송금 받았다. 하지만 그의 과시용 소비는 수입을 감당할 수 없었다. 호화 아파트에 세들어 사는가 하면, 주위 사람들에게도 특별한 이유 없이 기분 내키는 대로 돈을 뿌려 댔다. 자린고비 아버지와는 다른 특별한 삶을 살고 싶었던 것이다. 그래서 남에게는 부유한 집안 자제처럼 보이기 위해 안간힘을 썼다. 하지만 악착같이 돈을 모으려했던 아버지를 어린 시절부터 보아왔기 때문일까? 그는 사실 누구보다도 가난이라는 상황과 가난뱅이들의 심리를 잘 이해하고 있었다. 이를 잘 반영이라도 하듯, 첫 번째 소설 『가난한 사람들』 이래로 그는 평생 '가난' 주위를 맴돌았다.

찢어지게 가난한 주인공 마카르 제부슈킨에게 유일한 삶의 낙은 옆집 처녀 바르바라와 편지를 주고받고 그녀에게 자질구레한 선물을 사주는 일이다. 이 소설에서 작가는 자신이 창조한 최초의 문학적 인물에다 스스로의 미래를 암시하는 듯하다. 독자의 가슴을 답답하게 하는 마카르 제부슈킨의 선한 마음이 오히려 연민으로 다가오는 것은 본인도 쥐뿔도 없으면서 주위 사람을 챙기려 했던 작가 도스토예프스키의 이미지와 오버랩 되어서 일까.

그는 돈에 대한 씀씀이가 어쩔 수 없이 제지당했던 시베리아 유형지에서의 생활을 제외하고는 거의 평생을 돈 때문에 허둥대야 했다. 여기에 형 미하일까지 가세한 문학에 대한 낭만적인 꿈 역시 쪼들리는 인생에 한몫을 단단히 했다. 동생이 유배지에 있는 동안 형 미하일은 담배공장을 세워 나름 자기

사업을 하고 있었다. 그런데 동생이 돌아오자 그들은 의기투합하여 잡지를 창간하기로 결정한다. 도스토예프스키 역시 1861년에 그들이 창간한 잡지「시간」에 작품을 연재하고 편집을 맡는 등 이 일에 깊이 관여했다. 하지만 이 잡지가 정치적 문제로 폐간되자 그들은 1864년에「시대(에포하)」라는 제목의 또 다른 잡지를 창간한다. 그러나 그 해에 형이 갑작스럽게 사망한 후, 각고의 노력에도 불구하고「시대」역시 그 운명을 다할 수밖에 없었다. 도스토예프스키에게 남은 것이라곤 25,000루블 이상이 되는 빚뿐이었다.

형이 사망하자 잡지사에 관련된 빚쟁이뿐만 아니라 그 옛날 담배공장과 관련된 빚쟁이들까지 동생에게 들이닥쳤다. 사실 동생에게 그 빚을 변제할 법적인 책임은 없었다. 그러나 그저 착해빠진 동생 도스토예프스키는 인간의 도리상 빚을 갚겠다고 약속했다. 그뿐 아니라 형의 유족들인 미망인과 그 자식들의 생계를 책임지겠노라 자청했다. 게다가 첫 번째 아내가 데려온 아들까지 부양했던 것은 그를 더욱 궁지에 몰아넣었다. 사실 전처가 데려온 의붓자식 파벨이나 형의 식구들은 그에게 그다지 고마워하지도 않았다. 그들은 언제나 당당하고 당연하게 도스토예프스키에게 돈을 요구했다. 오늘날의 경제 마인드로 본다면 도스토예프스키는 손익을 계산할 줄 모르는 젬병으로 놀림 받을지도 모르겠지만, 고난을 회피하지 않고 자신의 도리를 다하고 싶었던, 그야말로 법 없이도 살 선량한 사람이었던 건 분명하다.

여하튼 이렇게 해서 1865년, 그는 형에게 물려받은 빚 중 3,000루블을 당장 갚아야만 할 처지에 놓이게 된다. 채권자들은 그를 감옥에 집어넣겠다고 협박했지만 그에게는 돈을 구할 아무런 방도가 없었다. 이러한 급박한 상황에서 문단의 투기꾼인 서적상 스텔로프스키가 나타났다. 3,000루블을 받는 조건으로 도스토예프스키는 어쩔 수 없이 세 권 분량의 작품 전집에 대한 출판권을 그에게 팔았고 1866년 11월 1일까지 새 소설을 쓰겠다고 약속했다. 만일 이 기한까지 원고가 출판업자에게 넘겨지지 않으면, 이미 나온 작품들은 물론 앞으로 나올 모든 작품에 대해서도 스텔로프스키가 저작권을 갖기로 되어 있었다.

굴욕적 계약서에 서명하긴 했지만, 그가 스텔로프스키와 계약한 새 장편 『도박꾼』을 기일 안에 완성할 가망은 없었다. 그러던 중 여성 속기사 양성학원을 차리고 있는 친구한테서 안나 그레고리예브나 스니트키나라고 하는 성적이 우수한 학생을 소개받았다. 그는 소설 『도박꾼』을 그 젊은 속기사에게 받아쓰게 해서 아슬아슬하게 마감일 안에 완성했다. 그리고 『도박꾼』은 1867년 스텔로프스키가 출판한 전집에 실리게 되었다.

이로써 작가의 부인이 될 안나 그리고리예브나는 아폴리나 수슬로바에 대한 그의 사랑 이야기를 최초로 듣게 된 인물이 되었다. 글쎄 이 때문이었을까? 이 작품 완성 후 도스토예프스키가 그녀에게 청혼을 했을 때 그녀는 그것을 자연스럽게 받아들였다. 작가이기 이전에 한 남자로서 한 여인에게 안절부절 못했던 그 심정을 묘한 안타까움과 연민으로 느끼는 충분한 시간을 가졌기 때문일까? 여하튼 그의 가난에 쫓기는 삶은 새 인연을 만드는 운명으로 연결되었다. 그리고 그들은 1867년 2월 15일 드디어 결혼식을 올리게 된다. 도스토예프스키는 신부보다 스물다섯 살이나 많았다. 안나는 그를 사랑했지만 그녀 앞에는 험난한 산이 놓여 있었다.

결혼 초 도스토예프스키는 전처의 아들 파벨과 형 미하일의 미망인까지 거느리며 살았다. 때문에 그들의 질시를 받는 나이 어린 부인 안나의 입장은 괴로울 수밖에 없었다. 이때 도스토예프스키가 먼저 해외여행 이야기를 꺼내긴 했지만 파벨과 형수의 돈 요구에 묶여 결단을 내리지 못했다. 하지만 안나는 끝내 남편을 설득한다. 결국 도스토예프스키는 잡지 「러시아 통보」에서 원고료를 가불하여 형의 유가족과 전처 소생의 생활비로 내밀고, 안나는 안나대로 자신의 혼수품을 팔아 여비를 마련한다. 그리고 1867년 4월 14일 부부는 마침내 페테르부르크를 떠나 드레스덴에 안착했다.

유럽을 배회하며 살았던 이 시기는 고난의 연속이었다. 하지만 동시에 이 시기는 작가의 예술적 감흥을 흔드는 위대한 창조기이기도 했다. 이 시기에 작가는 세계문화유산을 관람하며 희망과 영감, 정신적 고양을 체험했기 때문이다. 그는 스위스의 바젤 미술관에서 한스 홀바인(1497~1543)의 <무덤 속 그리스도의 주검>에 감동을 받았고, 이탈리아에서는 라파엘의 그림에 넋을 잃었으며, 독일 드레스덴에서는 클로드 로랭 (1600~1682)의 풍경화 <아시스와 갈라테아가 있는 바다 풍경>에 신비롭게 이끌렸다. 특히 클로드 로랭의 기울어가는 태양에 비친 환상적인 풍경은 그의 상상력 속에서 인류의 황금시대에 대한 꿈과 신비롭게 결합되었다. 그리고 이 그림은 소설 『악령』의 스타브로긴과 『미성년』의 베르실로프에게 일종의 지상 낙원에 대한 상징으로 나타나게 된다.

도스토예프스키 부부가 제노바, 베를린, 드레스덴, 프라하, 밀라노와 피렌체로 옮겨 다니며 국외체류자로 지내야 했던 시기는 경제적으로도 궁핍하기 이를 데 없는 시기였다. 이 와중에도 본국에 있는 형의 유가족과 전처 소생에게 매달 적지 않은 생활비를 보내주어야 했기 때문에 도스토예프스키의 힘든 생활은 계속되었다. 그렇다고 해서 그가 이 시기에 도박을 멀리 했는가? 그건 아니다. 오히려 해외 떠돌이 생활은 수많은 카지노의 유혹에 노출될 기회를 더욱 많이 만들어주었다. 도박은 그에게 늘 잠재적 중독으로 남아 있었던 것이다.

그의 피 속에 흐르는 도박 기질은 늘 심한 후회와 우울증을 그에게 반복적으로 안겨주면서도 또다시 도박에 빠지게 했다. 안나 역시 작가 도스토예프스키에 대한 존경으로 많은 나이차를 극복하고 결혼을 하긴 했지만, 끊임없이 도박을 했던 그를 이해하기는 쉽지 않았을 것이다. 도스토예프스키는 1867년 5월 24일 아내 안나에게 다음과 같은 편지를 보낸다.

사랑스런 안나, 나의 벗, 나의 아내, 제발 나를 용서해 주구려. 비열한 놈이라고 나무라지 말아 주오! 나는 죄를 짓고 말았소. 당신이 보내 준 돈을 몽땅, 그야말로 송두리째 잃었단 말이오. 어제 받은 돈을 바로 어제 잃었구료. 당신 볼 낯이 없소. 이제 당신은 나를 무엇이라고 그럴지, 나를 어떻게 생각할지, 그것을 생각하면 온몸이 떨릴 지경이오. 나는 그저 당신의 심판이 두려울 뿐이오! (중략) 나는 도박이 미워졌소. 오늘만 그런 것이 아니라 어제도 그제도 나는 도박을 온통 저주했던 거요. 어제 받은 수표를 현금으로 바꾸자 나는 단 몇 푼이라도 전에 잃었던 돈을 보충하겠다, 단 몇 푼이라도 내 호주머니를 두둑하게 하겠다는 생각으로 룰렛을 하러 갔던 거요. 나는 돈을 조금이라도 따면 좀 더 딸 수 있을 것으로 믿는 버릇이 있소. 그런가 하면 처음에 조금 잃었다가 점점 더 잃게 되면 꼭 만회하고야 말겠다는 생각이 든단 말이요. 그러나 더 잃게 되면 처음에 댔던 밑천만이라도 되찾으려고 정신없이 승부를 계속하게 되오. 그러다 보면 그만 모조리 잃게 된단 말이오. (후략)

도스토예프스키는 이런 편지를 아내에게 보낸 뒤에도 도박하는 버릇을 버리지 못했다. 돈을 잃게 되면 엉뚱한 구실을 대며 화를 내다가 아내의 발밑에 쓰러져 큰소리로 엉엉 통곡한다. 그러나 돈을 조금이라도 따면 온 세상을 혼자 차지한 것처럼 요란 법석을 떨었다. 다혈질인 그의 성격을 볼 수 있는 대목이다. 그는 도박 밑천을 구하는 데 수단 방법을 가리지 않았다. 그는 집에 있는 돈을 싹 쓸어서 가지고 나가야만 성이 찼다. 만약 아내가 싫은 소리를 하면 미치겠다, 자살하겠다고 위협하며 걸핏하면 결혼반지며 아내의 옷, 신발, 낡은 모자까지 전당포에 맡기곤 하였다. 이러한 도스토예프스키의 행동에 대해서 그의 아내는 가끔 잔소리를 하기는 했으나 놀랄 정도의 부드러운 태도로 대했다. 안나의 일기에서 세상의 것을 뛰어넘는 놀라운 사랑을 느낄 수 있다.

그가 나에게 매달려 몽땅 잃었다고 했을 때 나는 그를 나무랄 용기가 나지 않았다. 다만 그가 비참한 몰골로 보이는 것이 견딜 수 없이 괴롭고 슬펐다. 나는 그를 껴안고 너무 걱정 말아요, 울지 말아요, 하고 달랬지만, 그이는 나 같은 사내는 당신의 남편 자격이 없어, 당신은 나를 결코 용서하지 않을 테지, 하고 울음을 그치지 않았다.

젊은 아내는 남편이 돈을 잃었다는 사실 자체보다도 돈을 잃고 절망하는 모습을 차마 눈뜨고 볼 수 없었다. 그녀는 진실로 남편의 아픔을 자신의 아픔으로 여겼다. 이런 그녀의 태도를 당시 사람들은 이해하지 못했다. 하지만 안나는 어쩌면 바로 그런 기질이 작가를 지탱시켜 주는 힘이기도 했다는 것을 직관했던 것 같다. 그녀는 작품을 구상할 때와 마찬가지로 온몸과 마음을 송두리째 도박에 쏟아 붓는 남편을 섣불리 말릴 경우 그를 구제하기보다는 오히려 그를 파멸시키게 될지도 모른다는 위기감을 느꼈을지 모른다.

그만큼 어린 아내는 남편의 마음 속 바다까지 꿰뚫어보며 그를 사랑했다. 그런 점에서 도스토예프스키가 45세 때 안나를 만났던 것은 그의 인생 최대의 행운이 아니었나 싶다. 『도박꾼』『백치』『악령』『미성년』『카라마조프가의 형제들』과 같은 일련의 대표작이 햇빛을 보게 된 절반의 공적은 아내에게 있으리라. 그녀는 자신의 몸에 지닌 모든 것을 남편 도박에다 빼앗기면서도 그의 간질병을 극진히 간호했을 뿐만 아니라, 남편이 끙끙거리며 중얼거리는 것을 받아써서 그것을 완벽한 작품으로 정리했다. 이것은 아마 안나가 한 여자로서 남편을 사랑한 것을 넘어서서 남편의 문학에 대한 일종의 숭배정신이 있었기에 가능할 수 있었을 것이다.

그녀 자신은 남편의 생각을 거의 이해하지 못해 그와 정신적 삶을 공유하지는 못했다. 하지만 언제나 그의 서재 앞에 듬직한 수문장처럼 서 있었다. 그리고 그녀는 모든 것을 인내하고 용서했다. 도스토예프스키가 인생 후반기에 맞을 수 있었던 조용한 안락함과 행복은 아내의 뛰어난 조직력과 상술 덕분이었다. 그녀는 빚쟁이들을 설득하고 그들과 타협하는 요령을 알고 있었고, 남편을 친척들의 강요로부터 보호하면서 자기 자신의 출판사를 만들었다. 1873년 그녀는 남편 작품의 발행인이 되었고, 단행본으로 출판된 『백치』와 『악령』은 작가의 물질적 안정에 기반을 마련하게 되었다.

이렇게 그녀는 도스토예프스키의 곁에서 오직 그만을 위해 살았다. 남편에 대한 사랑이 흘러 넘쳐 자신의 회고록에서 객관성을 잊고 남편을 성인(聖人) 같은 존재로 묘사했다는 평가를 받기도 하지만, 작가의 아내로서 보여준 그녀의 인내와 사랑은 놀라운 것이 아닐 수 없었다. 남편의 사망 후에도 그에 대한 기억을 떠올리고 그를 찬미하는 데 헌신했다. 세상을 떠난 남편을 위해 정교회와의 관계 개선을 위해 노력했고, 그들이 말년에 머물렀던 스타라야 루사에 학교를 지어 남편의 정신을 계승하기도 했다.

간질: 황홀경과 죄의식의 심연을 건너

도스토예프스키는 거의 평생을 간질병으로 고통 받았다. 그의 간질병은 회복하는 데 시간도 더디 걸리고 또 다시 주기적으로 반복되었다. 육체적 고통에 사로잡혔던 삶이 글에서 어떤 절박함으로 표출되는 것은 너무 당연한 일일 것이다. 실제 그의 작품의 많은 작중인물들이 간질의 징후나 발작을 일으키며 작가의 예민한 병적 기운을 드러내고 있다. 『지하생활자의 수기』의 마흔 살의 퇴직 관리를 비롯하여 『도박꾼』의 알렉세이, 『죄와 벌』의 라스콜리니코프와 스비드리가일로프, 『백치』의 므이쉬킨, 『악령』의 키릴로프, 『카라마조프가의 형제들』에 등장하는 사생아 스메르쟈코프가 그런 잠재적 징후나 병력을 지니고 있다. 그들은 제각기 개성은 다르지만 신과 악마, 이상과 충동, 고귀한 품성과 저열함 등 이중적인 사고나 행동 사이에서 여러 외적 내적 갈등을 격렬하게 일으키고 있다. 이 정도로 집요하게 간질의 잠재성을 안고 사는 환자를 소설에 도입하는 것으로 보면, 도스토예프스키는 간질이 자신의 사상의 골을 만드는 데 중요한 역할을 했음을 스스로도 인정하고 있는 것 같다.

도스토예프스키가 최초로 간질 발작을 일으킨 것은 시베리아 감옥에서였다. 그러나 이미 유형 선고를 받기 전부터 그는 환자였다. 그곳에서 병세는 단지 악화되었을 뿐이다. 1857년 의사 예르마코프는 다음과 같은 진단을 내렸다.

1850년 그는 최초로 간질 발작을 일으켰다. 그 증상으로는 울부짖음, 의식상실, 말초신경 및 안면부의 경련, 구강의 거품, 거친 숨소리, 작고 빠르며 줄어든 박동 등이 나타났다. 이런 발작은 15분 동안이나 계속된다. 발작 후에는 온 몸의 무기력증이 나타난다.

발작은 1853년에도 또 다시 나타나더니 그 후로는 매달 정기적으로 발생했다고 한다. 가장 가까이서 이를 지켜봐야 했던 아내는 하늘이 무너지는 심정이었을 것이다. 그의 첫 번째 부인 마리야 이사예바는 1857년 2월 6일 신혼여행을 마치고 돌아오는 길에 남편이 간질 발작으로 거꾸러져 데굴데굴 구르는 모습을 공포 속에서 목격하게 된다. 둘째 부인 안나 그리고

리예브나 역시 10년 전 첫 번째 부인이 경험했던 것과 똑같은 공포를 겪어야 했다. 결혼식이 끝난 뒤에는 샴페인과 고조된 흥분 때문인지 하루 동안에만 두 번이나 간질 발작을 일으켰다고 한다. 안나는 이렇게 회상하고 있다.

몹시 고통스런 일이었다. 첫 발작 이후 또 한 번의 발작이 1시간 후에 일어났고, 겨우 의식을 회복한 남편은 고통을 못 이겨 2시간 이상 고래고래 소리를 질렀다. 끔찍했다. 몇 시간이고 그칠 줄 모르는 울부짖음과 신음소리를 들으면서, 고통으로 완전히 일그러진 그의 얼굴과 광기 속에 움직이지 않는 두 눈을 보면서, 그리고 그가 간헐적으로 내뱉는 이해 못할 소리를 들으면서, 나는 사랑하는 내 남편이 미쳐가고 있다고 확신하게 되었다.

하지만 이상한 짐승 같은 소리에 손님들이 놀라 도망치는 상황에서 나이 어린 아내 안나는 두려움에 떨면서도 침착하게 신랑을 진정시켰다.

하지만 그에게 간질이 끔찍한 고통이었던 것만은 아니다. 이것은 그에게 일시적으로 그의 의식을 육체에서 떠나게 하는 일종의 탈혼 상태를 가져다주었다. 그리고 작가는 그 속에서 일종의 세계 조화의 순간과 같은 황홀경을 경험하기도 했다. 특히 『백치』는 다른 어떤 소설보다도 육체로부터 의식의 해탈을 맛본 작가 자신의 경험이 생생하게 투영된 작품이다. 뿐만 아니라 작가가 그리스도처럼 진정 아름다운 인간의 이미지를 간질환자 므이쉬킨에게 투사하는 것도 흥미롭다. 므이쉬킨은 이웃을 위해 자신을 내어 놓는 참으로 선한 인간이다. 이처럼 가장 사랑스런 주인공에게 입에 거품을 물고 경련을 일으키며 몸을 뒤트는 자신의 가장 내밀한 특성을 부여한 것이다. 여기서 그가 경험하는 이 '참을 수 없는 은총의 순간'이 지닌 정신적 가치는 무엇일까? 므이쉬킨 공작은 작가를 대신해 이렇게 대답한다.

이것이 질병인들 어떻습니까? 만약 실제적인 결과 후에 건강한 상태에서 기억되고 관찰되는 감각의 순간이 고도의 조화요, 아름다움이며, 완전함, 균형, 화해, 삶의 지고한 통합과의 황홀하고 신앙심 깊은 융합과 같은 감정을 부여한다면, 이것이 비정상적인 긴장이라 한들 무슨 상관이겠습니까? 이 순간은 그 자체로 인생 전체와 맞먹는 값어치가 있습니다.

므이쉬킨 공작은 이런 순간의 체험으로 지상에 천국이 펼쳐진 듯한 상태를 경험한다. 이런 황홀경을 맛본 자에게 지상에서 속된 인간들끼리 으르렁거리며 생기는 죄와 악은 큰 의미를 지니지 못한다. 때문에 타인의 허물이나 잘못을 덮어두고 무조건 용서하는 그는 속된 인간들이 모여 사는 세속적 차원에서는 우스꽝스러운 바보로 조롱거리가 된다. 하지만 형이

상학적인 정신 차원에서는 참으로 지혜로운 인간이자 성스러운 백치로 승화된다.

사실 므이쉬킨이 체험하는 천복(天福)은 인간이 자신 안에 욕심과 아집을 포기할 때만 얻어질 수 있는 것이다. 스스로에 대한 집착은 인간이 영원에 잠겨 천상 행복을 맛보려 할 때 방해하는 요소이기 때문이다. 므이쉬킨은 이런 천복의 순간에 갑자기 시간이 멈추는 듯한 현세에서의 영원한 순간을 느끼게 된다고 이야기한다. 이 기이한 천복의 상태는 소설 『악령』에서도 등장인물 키릴로프가 경험하는 영구조화(永久調和)의 순간으로 반복되고 있다. 다음에서 이어지는 키릴로프와 그를 찾아온 샤토프라는 친구의 대화를 보자.

"그런 순간들이 있지. 5초 아니면 6초밖에 지속되지 않지만 갑자기 영원한 조화로움이 실존한다는 것이 느껴지는 순간 말일세. 이 현상은 지상의 것도, 천상의 것도 아닌 듯하네. 그러나 지상의 육체를 쓰고 있는 인간으로서는 참을 수 없는 그런 것이네. 인간은 물리적으로 변모하거나 죽을 수밖에 없기 때문이겠지. 이 감정은 분명하고 너무나 명백하고 또 갑자기 모든 자연과 접촉하는 듯한 느낌이라네. (중략) 그러나 두려운 사실은 이 감정이 무섭도록 뚜렷하게 드러나 자네를 기쁨으로 가득 채운다는 것이네. 만약 이 상태가 5초 이상 지속되면 인간의 영혼은 이를 견디지 못하고 사라질 수밖에 없네. 이 5초 동안 나는 인간 존재의 전부를 본다네. 이를 위해 내 삶 전부를 걸 수 있지."

"키릴로프, 그런 감정을 자주 느끼나?"

"삼일에 한 번, 혹은 일주일에 한 번 정도."

"자네는 간질병 환자인가?"

"아니네."

"그렇다면 그럴 가능성이 있네. 조심하게. 키릴로프, 간질병은 그런 증세로 시작된다고 들었네. 이 병에 걸린 어떤 사람이 발작 전의 감정을 자세히 묘사하는 걸 들어본 적이 있거든. 그런데 자네의 말을 듣자니, 그 이야기와 흡사하군 그래. 그 사람도 그 5초 동안의 느낌에 대해 말했었네. 그 역시 이 상태가 더 오래 지속되면 참기가 불가능하다고 했네. 자네 마호메트의 물 항아리 이야기를 기억하나? 물 항아리에서 물이 흘러나오기도 전에 그 예언자는 말을 타고 천국을 일주했다는 얘기를 상상해 보게. 물 항아리, 이것이 바로 그 5초라네. 자네의 영구조화하고 너무나도 비슷하지 않나. 더욱이 마호메트도 간질병 환자였으니까. 키릴로프, 자네도 간질병에 걸리지 않게 조심하게나."

이런 차원에서 본다면, 간질이 현실 너머의 비가시적 세계와 소통할 수 있는 하나의 통로가 되었다는 점에서 그의 작가 인생에는 도움이 되는 요소이기도 했을 것이다. 하지만 그것이 육체적 아픔을 동반하는 것이었고, 그 한 사람에게만 국한된 문제가 아니라 아들에게까지 유전으로 이어졌던 것은 정말 받아들이기 어려웠을 것이다. 그에게는 나이 쉰이 넘어 얻은 아들 알료사가 있었는데, 그 아이가 도스토예프스키의 간질병을 물려받아 1878년 5월 16일 사망한 것이다. 자신의 분신 같은 존재였던 어린 자식을 가슴에 묻어야 했던 작가의 슬픔을 아내 안나 그리고리예브나는 이렇게 술회한다.

의사를 마중 나갔던 남편은 창백한 얼굴로 돌아와, 의사가 쉽게 진찰할 수 있도록 아이 쪽으로 당겨놓은 소파 옆에 무릎을 꿇고 앉았다. 나중에 안 일이지만 의사는 아이에게 이미 단말마의 고통이 시작되었다는 것을 남편에게 암시했던 것 같다. 의사가 그이에게 무슨 말을 했는지 묻고 싶었지만, 남편은 아무 얘기도 꺼내지 말라는 손짓을 했다. 그리고 갑자기 아이의 숨이 멎고 죽음이 찾아왔을 때, 그 절망이란…… 남편은 아이에게 입맞춤을 하고 세 차례 성호를 그은 다음, 흐느껴 울기 시작했다. 나도 울음을 터뜨렸다.

아들 알료사의 죽음은 도스토예프스키에게 크나큰 충격이 아닐 수 없었다. 예민한 감각을 갖고 있었던 작가는 아들 알료사를 곧 잃게 될 것을 예감하고 있었는지, 유난히 알료사를 사랑했다고 한다. 그가 특히 고통스러워했던 것은 몹시 힘겨워하며 죽어간 그 어린 것이 다른 병도 아니고 아버지인 자신의 병을 이어받아 죽었다는 사실이었다. 또 한 번의 벼랑 끝에 선 듯한 절망감을 맛보았던 작가는 여기서 펜을 놓는다.

안나는 아들을 잃은 자신도 힘들었지만, 남편의 애처로운 모습을 지켜보기는 더더욱 힘들었다. 그래서 남편이 잠시나마 우울한 생각에서 벗어날 수 있도록 그해 여름에 가려 했던 일정을 조금 앞당겨 옵티나 푸스틴 수도원에 남편을 데려가 달라고 블라지미르 솔로비요프(1853~1900)에게 부탁한다. 시인이자 철학자였으며 당시 25세였던 솔로비요프는 도스토예프스키의 가장 가까운 친구이기도 했다.

옵티나 푸스틴은 고도(古都) 칼루가의 코젤스크 근처에 이미 14세기부터 설립된 수도원이었다. 그곳이 유명했던 이유는 그 수도원이 러시아 수도생활의 특별한 형태인 '장로제도'를 부활시키고 있다는 것과 거기에 거주하는 고행자인 암브로시 장로가 보여주는 기적에 수많은 사람들이 치유를 받았다는 이야기가 민중들 사이에 널리 퍼져 있었기 때문이다.

남편 역시 마음의 상처를 치유 받고 돌아오길 바랐던 아내의 간절한 염원 때문이었을까? 1878년 6월 23일부터 29일까지 솔로비요프와 함께 방문했던 이 수도원에서 도스토예프스키는 세 차례나 민중들의 사랑을 받는 암브로시 장로를 볼 수 있었다. 한 번은 군중들에게 둘러싸인 채였고, 두 번은 단둘이서 만날 기회를 가졌다고 한다. 암브로시 장로의 이미지는 『카라마조프가의 형제들』에서 조시마 장로로 전이된다. 그리고 알료사를 잃은 작가의 슬픔이 소설에서는 자식을 잃은 한 여인의 아픔으로 변형된다. 그녀는 장로에게 자신의 죽은 아이를 기억하며 "아이가 작은 발로 사뿐사뿐 방을 지나가는 소리를 다시 들을 수만 있다면 얼마나 좋을까요! 그 아이가 제게

달려와 소리 내며 웃던 모습이 눈에 선합니다. 발소리, 발소리
만 들어도 그 아이를 알아볼 텐데 말입니다."라고 울먹인다.
작가의 가슴앓이를 대변하는 이 여인에게 소설 속의 조시마
장로는 이렇게 말한다.

　　위안을 받으려 하지 마십시오. 당신에게 필요한 것은 위
　로가 아니오. 위안을 받으려 하지 말고 그냥 우십시오. 아마
　오랫동안 당신은 위대한 어머니의 통공을 계속해야 할 것이
　오. 하지만 결국 그것은 당신에게 조용한 기쁨으로 변하게
　될 것이고, 당신의 쓰라린 눈물은 사람을 죄악에서 구하는
　연민과 정화의 눈물이 될 것입니다. 그리고 나는 평온 속에
　잠자는 그대의 어린아이를 기억할 것이오.

　안나는 이 표현이 암브로시 장로가 남편에게 해준 위로의
말이 그대로 옮겨진 것이라고 밝히고 있다. 이 작품의 「믿음
을 가진 시골 아낙네들」편에서 남편은 자신이 품고 있던 많은
의심과 생각, 심지어 그 구체적인 표현들까지 옮겨놓았다고
말한다. 이렇게 암브로시 장로에게서 받은 마음의 위로는 상
실감으로 중단되었던 『카라마조프가의 형제들』에 새로운 창
작의 불을 지폈다. 그리고 소설 초고에서 그냥 '백치'라고 불
리던 카라마조프가의 막내는 죽은 아들 알료샤의 이름을 부여
받게 된다. 그 이름과 함께 아들에 대한 아버지의 사랑, 그리
고 아들이 미처 펼치지 못한 미래의 꿈을 투사한 것이다.

푸슈킨 동상 제막식 연설과 '하나됨'을 향한 절규

도스토예프스키가 인생에서 비교적 안정된 생활을 할 수 있었던 마지막 10년간은 장편 『미성년』(1875)과 그의 평생을 통한 사색의 집대성인 『카라마조프가의 형제들』(1880) 이외에도, 1873년 이후 시사적 에세이와 문예평론, 단편 등이 포함된 자유 형식의 문집 『작가 일기』를 집필했던 풍성한 결실의 시기였다. 『작가 일기』는 무려 2000명의 독자들이 신청했고, 그 밖에도 2000부가 소매상을 통해 팔려 나갔다. 사회와 정치 문제를 넘나드는 여러 이슈들이 『작가 일기』에서 다루어지고 있지만 이 시기 그의 사고의 큰 얼개를 구성하는 중심은 '전일(全一) 사상'으로 귀결된다. 이는 생의 마지막 십 년 전부터 죽음을 얼마 남겨 놓지 않은 시점에 있었던 푸슈킨 동상제막식 기념 강연에서까지 일관되게 드러나고 있다.

당시 인간이 개체화되고 분열되어 가는 시대를 개탄하던 도스토예프스키는 과연 우리의 공동체는 무엇으로 이루어져 있으며, 다양한 경향을 가진 사람들과 의견 일치를 이룰 수 있는 합일점은 어디서 찾을 수 있는가 하는 문제에 몰두하게 된다. 실제로도 그는 다양한 독자들과 편지를 주고받으면서 자신의 꿈인 전일을 실현시키고 싶어했다. 이 생각을 바탕으로 『작가 일기』를 집필하는 동안 모아두었던 자료를 하나하나 정리하면서 『카라마조프가의 형제들』에 대한 구상을 구체화했던 것이다. 인생에는 항상 운명적인 만남이 있듯이, 이 무렵 도스토예프스키는 이런 자신의 사상을 체계화하는데 큰 영향을 준 두 철학자를 접하게 된다. 그들 중 한 명이 도스토예프스키와 함께 옵티나 푸스틴에 다녀오기도 했던 블라지미르 솔로비요프이며, 다른 한 명이 『공통 과제의 철학』의 저자 니콜라이 표도로프(1828~1903)였다.

서른 살 이상의 나이차에도 불구하고 솔로비요프와 도스토예프스키는 서로를 사랑하고 존경했다. 이는 아마 그들이 걸어온 사상의 행보와 세계관이 유사했기 때문일 것이다. 도스토예프스키가 청년시절 공상적 사회주의에 심취했던 것과 마찬가지로 솔로비요프 역시 소년시절 유물론에 깊이 빠져들었다. 또한 신비적인 환시 체험을 통해 구원의 여인상을 목격한다든가, 황홀경 속에서 세계 조화의 순간을 체험하여 이를 시로 표현했던 것 역시 도스토예프스키의 정신적 측면과 닮아 있었다.

1866년 열세 살 무렵 솔로비요프는 일종의 종교적 위기를 체험한다. 무신론이 그를 압도하면서 마당에 성상을 던져 버리고 유물론자 뷔흐너와 허무주의자 삐사레프의 열렬한 추종자가 되었다. 당시 사회주의와 공산주의는 그의 사회적인 이상이기도 했다. 결국 솔로비요프는 자신이 심취했던 유물론을 스피노자 이론을 읽어가면서 점차 극복하지만, 이로 인해 인류 불신앙의 원인을 진단하게 된다.

그는 자신을 비롯하여 소위 배웠다는 지식인들이 맹목적으로 신을 받아들이기 어려운 것은 저 높이 올라가야 만날 것 같은 '신'과 점차 앞으로 발전해 나아가는 '세계'의 간극이 더 벌어지기 때문이라고 생각한다. 자연과학의 발전과 근대화를 통해 세상은 진화해 가는데, 기독교 교리는 여전히 한 자리에 머물러 있는 것이 젊은이들의 불신앙의 또 다른 원인이라 생각했던 것이다. 이러한 관점에서 그는 이 '세계'와 '신'의 간극을 좁히기 위해 기독교의 창조론이 아니라 자연과학의 진화론에 입각하여 지구의 역사와 인류의 미래를 이해한다. 그리고 지구가 진화되어 온 과정의 최종 목적을 신과 인간의 궁극적인 만남으로 전망한다. 결국 인류가 정신 진화의 가장 높은 단계에 도달했을 때, 그 진화의 정점에서 신과 인간의 완전한 결합인 '신인성'이 생겨난다는 놀라운 주장을 펼치는 것이다.

이러한 솔로비요프의 사상은 '신인(神人) 사상에 관하여'라는 타이틀로 1878년 페테르부르크에서 강연되었다. 이 강연회에 참석했던 도스토예프스키는 그의 사상에 탄복했고 이 젊은 철학자에게 매료되었다. 이 강연에서 솔로비요프는 당시 사회에 만연된 정신적 · 도덕적 붕괴의 원인은 종교가 모든 것을 포괄하는 중심이 될 수 있는 위치와 의미를 상실했기 때문이라고 진단한다. 그는 모든 것의 중심이 되어야 할 신과 그 방향을 상실한 인류를 하나로 결합시키기 위해 인간과 세계, 그리고 신에 대한 연구를 하나로 통합시킬 수 있는 방법론을 모색해야 할 필요성을 제기했던 것이다. 이것으로 종교 형이상학에 바탕을 둔 솔로비요프의 윤리학은, 인간 진화의 목표란 하나로 결합되어 이상적인 인류를 실현하는 것이라는 전일성의 카테고리로 귀결되는 것이다.

이것으로 솔로비요프가 언급했던 이른바 '신인사상' 즉 신에 대한 믿음과 인간에 대한 믿음이 결합되어야 하며 또 그것이 궁극적으로 실현된다는 확신을 가져야 한다는 주장은 『카라마조프가의 형제들』에서 예술적으로 새 옷을 입게 된다. 교회와 세상의 소통을 염원하게 된 작가가 알료샤를 수도원에서 기도나 하는 존재로 머물게 하지 않고 세상 밖으로 나가 실천하는 종교인으로 행동하도록 플롯을 잡은 것은 그 때문이다.

『카라마조프가의 형제들』의 구도가 설정되는데 결정적인 역할을 했던 또 다른 사상가는 부활과 불멸의 철학을 설파한 니콜라이 표도로프이다. 몇 차례 시도에도 불구하고 직접 만나지는 못했던 그들에게 다리가 되어 준 사람이 사회 사상가 니콜라이 페테르손이었다. 그는 표도로프를 만나면서 사회주의적 무신론에서 깊은 종교적 확신으로 사상적 전향을 한 인물이었다. 시골학교 교사였던 페테르손은 『작가 일기』에서 도스토예프스키가 표명했던 '전일사상'이나 '형제애'가 표도로프의 사상과 아주 유사하다는 점을 발견하고, 도스토예프스키에게 표도로프가 쓴 글의 내용을 요약해서 편지로 보낸다. 그 내용을 읽었던 도스토예프스키는 1878년 3월 24일 흥분이 섞인 글로 화답한다.

근본적으로 저는 이분의 사상에 전적으로 동의합니다. 내용을 읽으면서 저는 마치 그것을 제가 쓴 것 같은 생각이 들 정도였습니다. 오늘 그 내용을 누구의 글인지 밝히지 않고 솔로비요프에게 읽어주었습니다. 표도로프의 사상과 그의 견해가 일치하는 부분이 너무도 많아 저는 당신이 설명해주신 표도로프 사상을 읽어주려고 일부러 솔로비요프를 기다리고 있었답니다. 솔로비요프와 저는 참으로 행복한 두 시간을 보낼 수 있었습니다. 솔로비요프 또한 당신의 스승의 생각에 진실로 공감하고 있습니다.

도스토예프스키가 표도로프의 사상에서 특히 흥미로워했던 부분은 '아들들'이 '아버지'를 부활시켜야 한다는 내용이었다. 1870년 초부터 아버지와 아들에 관한 소설을 구상하면서, 과거와는 완전히 달라진 젊은 세대와 현대 러시아 가정의 모습에 관심을 집중하고 있던 도스토예프스키에게 표도로프의 사상은 창작의 새로운 원동력이 되었다. 특히 현대 러시아가 직면한 문제와 관련해 도스토예프스키가 관심을 가졌던 테마는 '우연한 가정'에 대한 것이었다. 그가 사용하는 이 '우연한 가정'이라는 표현은 현대의 아버지들이 가정에 결속력을 부여하지 못하는 그릇된 태도를 지칭하는 것이었다.

특히 1877년 7, 8월의 『작가 일기』에서 도스토예프스키는 아버지라는 존재가 가장 불쾌한 단어가 되어 버린 러시아 가정과 그 가족 구성원 사이의 단절에 대해 지적하고 있다. 작가의 이런 관점은 이미 소설 『미성년』에서 아버지와 아들 사이의 비극으로 구체화된 바 있다. 이 소설에서 작가는 아버지의 광폭함에 상처받은 아이들은 인생이란 혼란스럽고 우연 투성이일 뿐이라는 것을 어린 시절부터 깨닫기 시작했다고 표현한다.

비극적인 가정의 문제를 모두 아버지의 책임으로 돌리고 있는 작가의 생각은 1878년 4월 18일자 편지에서도 분명히 표현되어 있다. 작가는 모스크바 대학생들에게 보내는 편지에서 '아버지와 아들'의 문제에 있어, 아들들에게는 아무런 잘못이 없으며 책임은 전적으로 아버지들에게 있고, 아들들의 비극에 대해 전적으로 책임져야 할 사람은 모든 면에서 허위로 가득 찬 아버지들이라는 입장을 분명히 표현했다. 도스토예프스키는 이 편지에서 이렇게 기술하고 있다.

우리의 젊은이들이 지금보다 더 진지하고 정직한 적은

없습니다. 하지만 문제는 젊은이들이 2세기 동안이나 계속
된 우리 역사의 거짓을 이어받았다는 것입니다. (중략) 내가
보기에 여러분에게는 아무런 죄도 없습니다. 여러분은 여러
분이 지금 비난하고 있는, 모든 면에서 허위로 가득 찬 사회
의 자녀들일 뿐입니다.

이 글에서 알 수 있듯이, 도스토예프스키는 젊은이들은
단지 아버지의 죄를 이어받았을 뿐이며, 시대의 잘못은 전
적으로 아버지들의 잘못이라고 생각하고 있었다. 하지만 아
들들이 아버지의 부활에 대한 의무를 지녀야 하는 이유를
다양한 측면에서 설명하고 있는 표도로프의 사상을 표현한
페테르손의 글 「민중 교육의 나아갈 길」에 감화를 받은 후,
도스토예프스키는 '아버지'에 대한 새로운 관점에 눈뜨게
된다. 이 글에서 페테르손은 아버지를 거부하는 젊은이들의
의식에 경종을 울리며, 아버지들에 대한 아들들의 '정신적
의무'에 대해 언급한다.
    그리고 이제 작가는 페테르손의 글을 접하기 전에는 시대
의 문제를 전적으로 '아버지들의 책임'으로만 보았던 입장에
서 '아버지에 대한 자식들의 의무'를 동시에 강조하게 된 것
이다. 물론 표도로프와 도스토예프스키는 서로의 사상을 접하
기 전부터 모두 '형제애'의 사도라는 점에서 공통된 의식의
소유자였다. 하지만 그 형제애가 궁극적으로는 한 '아버지'를
향한 것이어야 한다는 관념은, 표도로프의 사상을 접하면서

도스토예프스키에게 싹트기 시작한 것이다.

동시에 이는 아버지 살해를 작품의 기본 플롯으로 설정하면서 작가 자신의 아버지에 대한 독특한 내면의 울림을 드러내는 것이기도 했다. 다시 말해 작가 개인적 차원에서도 자신의 삶을 반추하고 극복하는 하나의 예술적 고백인 셈이었다. 어린 시절부터 쌓여왔던 아버지에 대한 두려움과 증오라는 그 어두운 그림자에서 비로소 벗어날 수 있는 힘을 얻은 것이다. 이런 관점에서 본다면 작가는 생애 마지막 3년 동안 작품을 집필했지만, 정신적으로는 평생 동안 이 작품을 구상해왔다고도 말할 수 있는 것이다.

도스토예프스키가 표도로프의 사상을 적극적으로 받아들이고 이를 작품의 주제의식으로 확대시킨 것은 인류를 하나의 운명으로 엮여 있는 '거대한 가족'으로 보는 관점에서도 분명히 드러난다. 이 때문에 작가는 카라마조프가의 세 아들을 서로 다른 속성을 지닌 인류를 상징하는 모델로 설정한다. 호색과 방탕함의 대명사인 드미트리, 무신론자인 이반, 세상과 애매한 타협을 하지 않고 속세를 떠나 수도사의 길로 접어들었던 알료샤에 이르기까지, 작가는 극단적인 것을 모두 포함하는 카라마조프적 기질 속에서 서로 갈라져 싸우는 대립된 인류의 모습을 보고 있다. 이와 같이 통합을 거부하는 인류를 상징하는 카라마조프가의 세 형제 속에 세계 비극의 궁극적 표현으로 아버지 살해라는 테마가 도입되는 것이다.

작가는 인류가 품고 있었던 친부 살해의 감정을 카라마조프가의 아버지를 실제로 살해한 사생아 스메르쟈코프의 입으로 말하게 함으로써 그 충격을 더한다. 스메르쟈코프는 자신의 사상을 형성하는 데 영향을 준 이반에게 당시 누군가가 아버지를 죽여주기를 바랐던 것 아니냐고 되묻는다. 자신은 그런 장본인의 생각을 행동으로 옮긴 하수인에 지나지 않는다는 것이다. 작가는 스메르쟈코프에게 자신의 무의식을 들키고 광분해버린 이반이 형 드미트리의 재판장에서 방청석을 향해 소리치는 장면을 다음과 같이 묘사한다.

이반은 이렇게 묻는다. "아버지의 죽음을 바라지 않는 사람이 어디 있겠소?" 그의 갑작스런 언급에 놀란 방청객석으로 갑자기 몸을 돌리고서는, "모두들 제 아버지를 죽이고는 그렇지 않은 듯 가장하고 있군요. (중략) 서로 서로 속마음을 숨기는 위선자들! 모두들 제 아버지의 죽음을 바라고 있지 않나요? 한 독사가 다른 독사를 잡아먹는 꼴이라니…… 만일 친부 살해 사건이 없었더라면 모두들 투덜대며 돌아갔을 테죠."

이와 같이 작가는 아버지 살해 욕망을 어느 정도는 인간의 보편적 무의식으로 표현하고 있다. 동시에 표도르 카라마조프와 같은 망나니 '아버지들의 책임'을 추궁하는 동시에 그를 이해하고 사랑하려는 노력조차 하지 않은 '아들들의 책임' 역시 준엄하게 묻고 있다. 따라서 작가는 이반과 드미트리, 그리고 알료사에게까지 아버지의 살해에 대한 책임을 묻는다. 이반과 드미트리는 능동적으로, 그리고 알료사는 수동적으로 죄를 지었다고 보는 것이다. 그들은 아버지의 살해 가능성을 알고 있으면서도 묵인했고, 또 아버지를 구할 수도 있었지만 구하지 않았다. 소설에서 이것은 아들들에게 무서운 징벌로 나타난다. 작가는 드미트리에게는 시베리아로의 유형을, 이반에게는 악마의 환영을 보는 고통을, 알료사에게는 끔찍한 정신적 위기를 준다. 혐오스러운 괴물 같은 아버지에 대해서조차 자식으로서의 의무를 다해야 한다고 보는 것이다.

도스토예프스키는 표도로프로부터 영향을 받은 '아버지'에 대한 관점을 예술적으로 증명하기 위해, 폐병으로 살 날이 얼마 남지 않은 어린 소년 일류사라는 인물을 등장시킨다. 그 소년은 퇴역 대위인 스네기료프의 아들로서, 자기 아버지를 '수세미'라고 놀렸던 소년의 넓적다리를 칼로 찌르며 자기 아버지를 변호할 정도로 성깔 있는 아이였다. 그런데 어느 날 자기 아버지가 항상 술에 젖어 사는 난봉꾼 드미트리에게 턱수염을 낚아 채여 질질 끌려 나오더니, 급기야 많은 사람들이 보는 거리에서 그에게 두들겨 맞는 모습을 보게 된다. 이 모습에 놀란 일류사는 드미트리에게 자신의 아버지를 용서해 달라며 그의 손에 입을 맞추고 매달리기까지 한다. 본인도 폐병에 걸려 몸이 성치 않은 상태였지만, 드미트리에 대한 분노를 참고 어찌 되었던 아버지를 구해보고자 온 힘을 다해 노력했던 것이다. 작가는 '아버지를 위해' 행동하는 일류사의 모습에 아버지를 수치스럽게 여기고 아버지를 살해하려 했던 카라마조프 형제들을 대립시키는 것이다. 아버지 스네기료프는 아들 일류사의 행동을 이렇게 이야기한다.

　보통의 마음 약한 아이 같으면 그만 기가 죽어 오히려 자기 아버지를 부끄럽게 여겼을 테지만, 그 애는 아버지를 위해 혼자서 모든 아이들을 상대로 일어섰습니다. 아버지를 위해, 진리를 위해, 진실을 위해 일어선 겁니다.

이것은 아버지를 숭배하고 존중하려는 의식적 노력을 할 때 진정한 형제애도 가능하다고 보았던 표도로프의 반향을 그대로 느낄 수 있는 부분이기도 하다. 이후 아버지의 명예를 귀중하게 생각했던 일류사는 병으로 죽게 되지만, 그가 죽기 전에 친구들은 그를 행복하게 해 주려는 마음 하나로 화해하며 그에게 사랑의 손길을 펼친다. 그 때문에 카라마조프가의 막내 알료사는 아버지의 치욕을 씻기 위해 분연히 일어섰던 일류사의 장례식에 모인 아이들 앞에서 이런 추모사를 하게 된다.

　애들아, 우리는 한평생 그를 잊지 말도록 하자. 가령 우리가 어떠한 중요한 일에 전념하게 되더라도, 존경의 대상이 되더라도, 또 커다란 불행에 빠지더라도, 말하자면 언제 어디서 어떠한 경우에 처하더라도, 전에 이 마을에서 우리가 아름답고 착한 감정 하나로 결합되어 이 가여운 소년을 사랑함으로써, 실로 행복했었다는 것을 절대로 잊지 말아야 한다. (중략) 이 아름답고 신성한 추억이 무엇보다도 가장 좋은 마음의 양식이라고 생각한다. 그러한 추억을 많이 가진 자는 틀림없이 구원을 받을 수 있다. (중략) 얘들아, 내 사랑하는 아이들아, 우리는 모두 일류샤처럼 관대하고 용감한 사람이 되도록 노력하자.

이것은 알료샤가 소년들과 일류샤를 진정으로 화해시키고, 일류샤의 무덤 위에 인류의 보편적인 형제애를 위한 초석을 놓는 것에 비유될 수 있다. 수도원을 떠나 세상으로 나아간 알료샤는 일류샤가 영원토록 자신들의 기억에 남아 있기를 염원하며 그의 무덤 앞에서 연설을 했던 것이다. 일류샤에 대한 '영원한 기억'을 작가가 유난히 강조하는 이유는, 바로 그 기억을 통해 카라마조프 형제들만큼이나 극단적인 속성을 지니고 있는 소년들이 사랑으로 모두 '하나' 될 수 있었기 때문이다. 이것은 도스토예프스키가 진정한 인류 합일의 토대는 죽은 자에 대한 사랑과 기억을 통해서만 가능하다는 표도로프의 관점을 그대로 수용하고 있음을 보여준다.

이렇게 도스토예프스키가 꿈꾸어왔던 전일사상은 솔로비요프와 표도로프의 사상과 만나면서 하나의 실천 범주로서 예술적으로 구체화되었다. 그리고 새로운 하나됨의 초석을 놓기 위한 절규는 그가 사랑했던 시인 푸슈킨을 기억하는 자리에서 다시 한번 힘을 발휘한다. 그는 러시아 문학애호가 협회로부터 모스크바에서 열릴 푸슈킨 동상 제막식 행사에서 연설을 해달라는 요청을 받았다. 『카라마조프가의 형제들』 집필에 혼신의 힘을 쏟고 있던 작가는 그 일을 잠시 제쳐두고 기쁜 마음으로 연설을 준비했다. 푸슈킨은 그가 평생 동안 존경했으며 자신의 영적 스승으로까지 여겼던 시인이었기 때문이다.

항상 푸슈킨의 이미지 속에서 러시아의 운명과 사명에 대한 해답을 찾으려 했던 도스토예프스키는 1880년 6월 8일 동상 제막식 연설에서도 푸슈킨의 예언적 힘을 이야기한다. 그리고 푸슈킨의 표현을 빌려 "오만한 인간이여, 자기 자신을 낮추어라. 무엇보다도 먼저 자존심을 버려라."라는 말로 러시아가 당면한 분열의 문제에 해결 방안을 제시했다. 동시에 푸슈킨의 국민성과 인류성을 강조하면서, 러시아의 고질병처럼 갈라져 싸워 왔던 서구주의자와 슬라브주의자의 하나됨을 주장한다. 또한 러시아의 운명은 전 유럽적이고 범세계적이기 때문에, 진정한 러시아인이 된다는 것은 모든 사람들의 형제이자 완전히 보편적인 인간이 되는 것, 결국 전 인류가 하나되는 초석이 된다고 목 놓아 외쳤다. 러시아인은 그리스도의 복음에 따라 모든 인종의 형제적 일치라는 말씀을 선포할 소명을 갖고 태어났다는 것이다.

그의 연설은 청중의 가슴을 뒤흔들고 그들의 피를 끓게 했다. 그의 호소에 쏟아진 박수갈채는 위대한 푸슈킨을 향한 존경의 표시일 뿐 아니라 위대한 문학인인 도스토예프스키의 카리스마에 대한 반증이기도 했다. 그가 연설을 마치자, 청중들은 흐느껴 울며 서로를 껴안고는, 서로에게 더 좋은 사람이 되고 더 이상 서로를 미워하지 않고 사랑하겠다고 맹세하기까지 했다고 한다. 이 연설 후에 "당신은 우리들의 성인이고 예언자요"라는 청중들의 탄성이 울려 퍼졌다. 일부 학생들은 눈물을 글썽이며 연설자에게 달려 나와 그의 발아래 엎드려 정신을 잃기도 했다.

그리고 밤에 개최된 문학 축제에서 그는 푸슈킨의 시「예언자」를 낭송했다. 완전히 지쳐버린 그는 약하고 낮은 목소리로 온 힘을 다해 외쳤다. 또 다시 홀은 광란의 도가니가 되었고, 다시 한번 황홀경에 빠진 울부짖음으로 가득 찼다. 러시아문학 전체가 그 '예언자'를 추앙했다. 푸슈킨 기념행사에서의 연설은 위대한 러시아 시인에 대한 깊은 사색의 열매이자, 작가 자신의 피 끓는 열정의 유언이었다. 물론 '인류의 완전하고 보편적인 형제애'에 도달한다는 것은 쉽지 않은 문제였다. 하지만 그는 온 삶의 에너지를 다해 슬라브주의자와 서구주의자들을, 소위 배웠다는 지식인과 민중을, 그리고 러시아와 유럽을 서로 화해시키는 유언을 남기고 싶었던 것이다.

그리고 8개월이 채 지나지 않아 도스토예프스키는 생의 마지막 순간을 맞이하게 된다. 1881년 1월 25일 밤과 26일 아침 사이, 서재에서 작업을 하고 있던 그가 피를 토하기 시작했다. 주치의 브레텔은 폐기종에 의한 폐동맥 파열이라고 진단했다. 1월 26일 두 차례의 출혈이 또 있자, 그는 사제를 불러 병자성

사를 하고 영성체를 받는다. 이후 상태가 잠시 호전되는 것 같
더니, 28일 이른 아침에는 오늘 자신이 죽을 것 같은 느낌이
든다며 성서를 갖다 달라고 아내에게 요청한다.

손 가는 대로 성경을 펼치자 「마태복음」 3장이 나왔다. 그
는 "요한이 그분을 붙들면서 '제가 당신에게 세례를 받아야
할 터인데 당신이 내게로 오시나이까.' 그러나 예수가 그에게
대답했다. '나를 붙들지 마라. 이와 같이 하여 모든 의를 이루
는 것이 합당하니라.'"(14~15절)라는 구절을 읽는다. 그리고 이
것을 자신의 죽음에 대한 암시로 받아들인다. 옆에 있는 아내
에게 그녀와 함께 살았던 행복한 생활에 감사했다. 자신은 항
상 당신을 열렬히 사랑했고, 마음으로도 당신에게 성실치 않
았던 적은 한 번도 없었다는 말을 덧붙였다고 한다. 그리고 작
가는 아이들을 침대 곁으로 오게 하여 성서의 '돌아온 탕자'
이야기를 읽게 하고는 다음과 같은 유언을 남긴다.

애들아, 지금 방금 들은 얘기를 절대로 잊지 말아라. 주
님에 대한 끝없는 믿음을 간직하고, 그분이 항상 용서하신
다는 것을 잊지 마라. 나는 너희들을 정말 사랑한다. 하지만
내 사랑은 당신이 창조하신 모든 인간을 향한 주님의 무한
한 사랑에 비하면 아무것도 아니다. 살다가 혹은 죄를 짓는
다고 해도 주님에 대한 희망을 결코 버려서는 안 된다. 너희
들은 그분의 자녀들이다. 마치 너희 아버지를 대하듯 그분
앞에서 자신을 낮추어라. 그분께 용서를 구하면 그분은 돌

아온 탕자를 보고 기뻐한 것처럼 너희들의 회개를 기뻐하실
것이다.

그리고 한 시대의 획을 그었던 도스토예프스키는 1881년 1
월 28일 저녁 8시 38분, 조용히 눈을 감는다. 그의 장례식에는
마지막으로 그에게 사랑을 표하려는 5만여 명의 대군중이 운
집했다. 그리고 한평생 그의 영혼의 거처였던 지상 육신은 페
테르부르그의 알렉산드르 네프스키 수도원에 안장되었다. 장
례식 이후에도 곳곳에서 그를 애도하는 의식이 열렸으며, 그
의 죽음으로 인한 슬픔이 큰 바다를 이루었다. 이 모든 것이
평생 동안 고통과 절박함을 예술로 승화시킨 대작가에 대한
깊은 존경과 사랑의 표현이었다.

모든 이에게 모든 것이 되어 준 작가
도스토예프스키

도스토예프스키에게는 많은 찬사가 따라 다닌다. 천재 작가, 미래를 꿰뚫어보는 예언자, 신비주의자, 뛰어난 직관의 보유자, 뜨거운 열정의 소유자, 시대를 앞서간 선구자, 실존주의 철학자…… 모두 맞는 얘기다. 하지만 이렇게 많은 수식어가 붙어 다닌다는 것은 그만큼 그의 작품을 한 마디로 규정하기 어렵다는 반증이기도 하다. 어떤 연구가가 그의 문학을 울창한 원시림과 깊은 동굴, 그리고 심연으로 이루어진 신비경이라 했던 것은 참으로 적절한 표현이 아닌가 싶다.

하지만 이 글은 도스토예프스키에 대한 찬사보다도 그의 그늘진 면, 그의 아픔에 주안점을 두었다. 이 짧은 글에서 이야기하는 도스토예프스키 살아 생전의 사건들은 보통 사람이 흔히 경험하기 힘든 비극적인 사건이다. 그가 문학작품을 통해서 인간의 극한적인 고뇌를 다루고 있는 것은, 어쩌면 그 자신이 그와 같은 처절한 상황에 휘말렸고 그러한 병에 시달렸기 때문이다. 한 문학평론가의 말처럼 만약 그가 정신적으로 건강한 아버지의 피를 이어받아, 단란한 가정에서, 건강한 몸으로, 하루하루를 즐겁게 살아갔더라면, 아마도 그는 비극적인 작품을 쓰지는 않았을 것이다.

밀알 하나가 땅에 떨어져 죽으면 많은 열매를 맺듯이, 그는 죽음을 통해 오히려 '참으로 사는' 신비를 그대로 드러냈다. 인간의 고통은 먼 훗날 돌이켜보면 큰 영광으로 빛을 발한다고 했던가? 만일 도스토예프스키가 이 많은 고통을 몸소 겪지 않았다면, 이 고통의 산 증인이 아니었다면, 등장인물들의 입에서 나오는 그의 목소리와 그 내면의 울림이 이처럼 생생한 메아리가 되어 되돌아 올 수 있었을까? 만일 그가 편안한 환경에서 이상세계를 염원하며 단순히 도덕적 가르침을 설파하는 성자였다면, 그의 주인공들이 이렇게 팔딱팔딱 살아 숨 쉴 수 있었을까?

극심한 가난과 죄의 심연, 미칠 듯한 도박의 흥분상태와, 끓어오르는 욕망, 폐부를 찌르는 듯한 고통과 수치심, 사지가 뒤틀리는 간질의 고통, 사랑했던 자식의 죽음을 바로 옆에서 지켜봐야 했던 아픔, 그는 이 모든 것을 온몸으로 느꼈고 이 모든 것이 인간의 모습이라는 것을 '솔직히' 인정했다. 때문에 그는 가난한 자와 소외받는 자, 정신질환을 앓는 자와 수치심에 괴로워하는 자, 격렬한 욕정과 욕망에 시달렸던 모든 사람의 친구가 될 수 있었다. 한 사람의 천재이기 이전에 모든 이에게 모든 것이 되어 주었던 한 '작은 인간'이었기에, 우리는 그에게서 '큰 작가'의 모습을 읽어내는 것은 아닐까.

부록

도스토예프스키 연보

1821년: 모스크바 빈민 병원 관사에서 10월 30일(현재의 그레고
리우스력으로는 11월 11일) 출생.

1831년(10세): 아버지가 다로보예 영지 구입.

1834년(13세): 형 미하일과 함께 기숙학교에 입학.

1837년(16세): 1월 29일 푸슈킨의 사망. 2월 27일 어머니 마리야
표도로브나 사망.

1838년(17세): 1월 16일 육군 공병학교에 입학.

1839년(18세): 아버지 미하일 안드레예비치가 다로보예 농노들에
게 살해됨.

1840년(19세): 11월 29일 하사관으로 임명.

1844년(23세): 공병 중위로 진급하여 제대. 발자크의 『위제니 그
랑데』를 번역하여 호평 받음.

1845년(24세): 처녀작 『가난한 사람들』을 발표하여 문단에 데뷔.
벨린스키에게 호평을 받음.

1846~1847년(25~26세): 『분신』과 『주부』등의 작품 발표. 벨린
스키로부터 병적인 경향이 있다고 혹평을 받음.

1849년(28세): 페트라셰프스키 금요모임에 참석. 4월 23일 고발
에 의해 체포. 11월 13일 사형 선고. 12월 22일 사형 집행 직
전 황제의 특사로 시베리아 유형으로 감형.

1850년(29세): 1월 23일 시베리아 옴스크 감옥에서 4년간 수용소
생활.

1854년(33세): 2월 15일 형기 만료되어 출옥. 3월 2일 시베리아
전선 세미팔라틴스크 주둔 제7대대에 배치. 이 시기 마리야
이사예바를 만남.

1856년(35세): 3월 24일 황제에게 사면 탄원서 제출.

1857년(36세): 2월 6일 마리야 이사예바와 결혼.

1861년(40세): 형 미하일과 함께 잡지 「시간」 창간. 『학대받은 사람들』을 발표하여 문단으로 복귀.

1862년(41세): 6월에 첫 유럽 여행. 독일, 프랑스, 영국 방문. 『죽음의 집의 기록』을 출간.

1863년(42세): 2월 「시대」지에 『여름 인상에 대한 겨울 기록』을 연재. 8월에 외국으로 떠나 파리에 먼저 도착해 있던 수슬로바를 만나 함께 여행.

1864년(43세): 3월에 잡지 「시간」을 계승한 잡지 「시대」를 창간함. 6월 16일 아내 마리야 이사예바 사망. 7월 10일 형 미하일 사망.

1865년(44세): 잡지 「시대」가 재정난으로 폐간.

1866년(45세): 『죄와 벌』을 「러시아 통보」에 연재 발표. 속기사 안나 스니트키나에게 『도박꾼』를 구술하여 탈고.

1867년(46세): 안나 스니트키나와 재혼. 해외생활을 시작. 『죄와 벌』을 단행본으로 출간.

1868년(47세): 2월 22일 맏딸 소피야 출생. 5월 12일 소피야 폐렴으로 사망. 『백치』를 「러시아 통보」에 연재하고 단행본으로 출간.

1869년(48세): 9월 14일 드레스덴에서 둘째 딸 류보피 출생. 11월 21일 네차예프 사건에 대해 깊은 관심을 가짐.

1871년(50세): 1월에 『악령』을 「러시아 통보」에 연재 개시. 7월 5일 페테르부르그에 도착. 7월 16일 아들 표도르 출생.

1875년(54세): 1월 「조국잡지」에 『미성년』을 발표. 8월 10일 아들 알렉세이(애칭: 알료샤) 출생.

1877년(56세): 스타라야 루사에 집을 사들임. 단편 『우스운 인간의 꿈』을 발표.

1878년(57세): 5월 16일 세 살 난 아들 알렉세이가 간질병으로 사망. 6월에 철학자 블라지미르 솔로비요프와 옵티나 푸스틴 수도원을 방문하여 암브로시 장로 만남.

1879년(58세): 『카라마조프가의 형제들』을 「러시아 통보」에 연재 시작.

1880년(59세): 6월 8일 푸슈킨 동상 제막식 기념 연설. 11월 8일
『카라마조프가의 형제들』의 에필로그 탈고. 12월 단행본으
로 출간.

1881년(60세): 1월 28일 사망. 1월 31일 페테르부르그 알렉산드르
네프스키 수도원 묘지에 안장.

참고문헌

* 도스토예프스키에 관한 전기적 사실들은 콘스탄틴 모출스키의 『도스토예프스키』(김현택 옮김)와 도스토예프스키 아내의 회고록인『도스또예프스끼와 함께 한 나날들』(최호정 옮김)을 바탕으로 하였다. 그 외에도 도스토예프스키 편지 인용은『도스토예프스키의 유럽 인상기』(이길주 옮김)에 수록된 번역본을, 도스토예프스키의 소설 인용은 열린책들에서 출간한『도스또예프스끼 전집』(2000)을 참고하였다.

곽승룡,『도스토예프스키의 비움과 충만의 그리스도』, 가톨릭 출판사, 1998.

권철근,『도스토예프스키 장편소설 연구: 겸허와 오만의 인간학』, 한국외국어대학교 출판부, 2006.

안나 그리고리예브나 도스또예프스까야,『도스또예프스끼와 함께 한 나날들』, 최호정 옮김, 그린비, 2003.

표도르 도스또옙스끼,『작가의 일기』, 이종진 옮김, 벽호, 1995.

표도르 도스토예프스키,『도스토예프스키의 유럽 인상기』, 이길주 옮김, 푸른숲, 1999.

얀코 라브린,『도스토예프스키』, 홍성광 옮김, 한길사, 1997.

콘스탄틴 모출스키, 『도스토예프스키』, 김현택 옮김, 책세상, 2000.

박영은, "『카라마조프가의 형제들』에 나타난 도스토예프스키의 신비주의와 만유재신론," 한국슬라브학회,『슬라브학보』제20권 2호, 2005, 103-130쪽.

_____, " 표도로프 사상에 대한 도스토예프스키의 예술적 반향 - 아버지 '살해'의 시대에서 '부활'의 시대를 향한 인류 변형론," 한국외국어대학교 외국학종합센터 러시아연구소,『슬라브연구』제21-2권, 2005, 277-302쪽.

니콜라이 베르쟈예프, 『도스토예프스키의 세계관』, 이경식 옮김, 현대사상사, 1991.

석영중, 『도스토예프스키, 돈을 위해 펜을 들다』, 예담, 2008.

블라지미르 솔로비요프,『도스또예프스끼: 대심문관』, 이종진 편역, 한국외국어대학교 출판부, 2004.

정창범, 『도스토예프스키: 작가의 생애와 문학』, 건국대학교 출판부, 1994.

앙드레 지드,『도스토예프스키를 말하다』, 강민정 옮김. 고려문화사, 2005.

Berdyaev, Nicholas. Dostoevsky. The World Publishing Company, 1969.

Gibson, Boyce. The Religion of Dostoevsky. Philadelphia, 1973.

Holquist, Michal. Dostoevsky and the Novel, Princeton University Press, 1977.

Jackson, Robert L. Dostoevsky's Quest for Form. A Study of His Philosophy of Art. Yale University Press, 1966.

Mochulsky, Konstantin. Michael A. Minihan trans. Dostoevsky: His Life and Work. Princeton, Princeton University Press, 1967.

Murav, H. Holy Foolishness: Dostoevsky's Novel and The Poetics of Cultural Critique. Stanford, 1992.

Wasiolek, Edward. Dostoevsky: The Major Fiction. The M.I.T. Press, 1964.

Баршит, К "Научите меня любви (К вопросу о НФ Федорове и ФМ Достоевском." Простор 1989, №7.

Безносов, В.Г. "Земное-небесное в творчестве Ф.М. Достоевского." *Достоевский и современность* Новгород, 1994.

Бэлнеп, Роберт Л. *Генезис <<Братьев Карамазовых>>: эстетические, идеологические и психологические аспекты* создания текста. СПБ, 2003.

Гачева, А.Г. "Новые материалы к истории знакомства
    Достоевского с идеями Федорова." *Н.Ф. Федоров : pro et*
    contra. СПБ.: издательство русского христианского
    гуманитарного института, 2004.

Достоевский, Ф.М. *Собрание сочинений в десять томах*. Москва:
    государственное издательство художественной литературы,
    1958.

Ковина, Е. "Некоторые символические значения пространственно
    -временной составляющей картины мира в романе «Братья
    Карамазовы»." *Достоевский и мировая культура*, №.15,
    СПБ: серебряный век, 2000.

Петерсон, Н.Ф. *О религиозном характере учения Н.Ф. Федорова*.
    Москва, 1915.

Флорес, Хосе Луис, "Восстановление личности как путь к
    осуществлению рая на земле," *Достоевский и современность*.
    Новгород, 1994.

Шаулов, С.С. "«Случайное семейство» как система взаимоотражений
    (по роману «Братья Карамазовы»). *Достоевский и мировая*
    культура. №. 18. СПБ «серебряный век», 2003.

Щенников, Г.К. *Целостность Достоевского*. Екатеринбург:
    издательство уральсого университета, 2001.

도스토예프스키

펴낸날	초판 1쇄 2009년 5월 10일
	초판 4쇄 2015년 2월 23일

지은이	박영은
펴낸이	심만수
펴낸곳	(주)살림출판사
출판등록	1989년 11월 1일 제9-210호

주소	경기도 파주시 광인사길 30
전화	031-955-1350 팩스 031-624-1356
기획·편집	031-955-4671
홈페이지	http://www.sallimbooks.com
이메일	book@sallimbooks.com

ISBN	978-89-522-1165-1 04080

376 좋은 문장 나쁜 문장   eBook

송준호(우석대 문예창작학과 교수)

어떻게 좋은 문장을 쓸 수 있을 것인가? 우선 좋은 문장이 무엇이고 그렇지 못한 문장은 무엇인지 알아야 할 것이다. 대학에서 글쓰기 강의를 오랫동안 해 온 저자가 수업을 통해 얻은 풍부한 사례를 바탕으로 문장교육을 제대로 받지 못한 독자들에게 좋은 문장으로 가는 길을 제시하고 있다.

051 알베르 카뮈   eBook

유기환(한국외대 불어과 교수)

알제리에서 태어난 프랑스인, 파리의 이방인 알베르 카뮈에 대한 충실한 입문서. 프랑스 지성계에 혜성처럼 등장한 카뮈의 목소리는 늘 찬사와 소외를 동시에 불러왔다. 그 찬사와 소외의 이유, 그리고 카뮈의 문학, 사상, 인생의 이해와, 아울러 실존주의, 마르크스주의 등 20세기를 장식한 거대담론의 이해를 돕는 책.

052 프란츠 카프카   eBook

편영수(전주대 독문과 교수)

난해한 글쓰기와 상상력으로 문학사에 커다란 발자취를 남긴 카프카에 관한 평전. 잠언에서 중편 소설 「변신」 그리고 장편 소설 『실종자』와 『소송』 그리고 『성』에 이르기까지 카프카의 거의 모든 작품에 대한 해석을 담고 있다. 또한 이 책은 카프카의 잠언과 노자의 핵심어인 도(道)의 연관성을 추적하는 등 새로운 관점도 보여 준다.

271 김수영, 혹은 시적 양심   eBook

이은정(한신대 교양학부 교수)

힘과 새로움으로 가득 차 있는 김수영의 시 세계. 그 힘과 새로움의 근원을 알아보고 지금까지와는 다른 새로운 독법으로 그의 시 세계를 살펴본다. 그와 그의 시에 대해 깊은 애정을 가진 저자는 김수영의 이해를 위한 충실한 안내자 역할을 자처한다. 김수영의 시 세계를 향해 한 발 더 들어가 보고자 하는 독자들에게 유익한 책이다.

369 도스토예프스키

eBook

박영은(한양대학교 HK 연구교수)

『카라마조프가의 형제들』과 『죄와 벌』로 유명한 러시아의 대문호 도스토예프스키. 그의 작품에 등장하는 생생한 인물들은 모두 그의 힘들었던 삶의 경험과 맞닿아 있다. 한 편의 소설 같은 삶을 살았으며, 삶이 곧 소설이었던 작가 도스토예프스키의 생의 한가운데 서서 그 질곡과 영광의 순간이 작품에 어떻게 드러나는지를 살펴본다.

245 사르트르 참여문학론

eBook

변광배(한국외대 불어과 강사)

사르트르의 『문학이란 무엇인가』에서 전개된 참여문학론을 소개하면서 억압받는 자들을 위한다는 기치를 높이 들었던 참여문학론의 의미를 성찰한다. 참여문학론의 핵심을 이루는 타자를 위한 문학은 자기 구원의 메커니즘에 문제가 생겼을 때 이 문제를 해결하고, 그 메커니즘을 보충하는 이차적이고도 보조적인 문학론이라고 말한다.

338 번역이란 무엇인가

eBook

이향(통역사)

번역에 대한 관심이 날로 늘어 가고 있다. 추상적이거나 어렵게 느껴지는 번역 이론서들, 그리고 쉽게 읽히지만 번역의 전체 그림을 바라보기에는 부족하게 느껴지는 후일담들 사이에 다리를 놓는 이 책은 번역의 이론과 실제를 동시에 접하여 번역의 큰 그림을 그리고자 하는 독자들에게 안성맞춤이다.

446 갈매나무의 시인, 백석

eBook

이숭원(서울여대 국문과 교수)

남북분단 이후 북에 남았지만, 그를 기리는 많은 이들의 노력으로 백석은 현재 우리나라에서 가장 주목받는 시인 중 한 사람이다. 이 책은 시인을 이해하는 많은 방법 중 '작품'을 통해 다가가기를 선택한 결과물이다. 음식 냄새 가득한 큰집의 정경에서부터 '흰 바람벽'이 오가던 낯선 땅 어느 골방에 이르기까지, 굳이 시인의 이력을 들춰보지 않더라도 그의 발자취가 충분히 또렷하다.

053 버지니아 울프 살아남은 여성 예술가의 초상 eBook

김희정(서울시립대 강의전담교수)

자신만의 독창적인 글쓰기 방식을 남기고 여성작가로 살아남는
다는 것이 어떤 의미를 갖는지를 보여 준 버지니아 울프와 그녀의
작품세계에 관한 평전. 작가의 생애와 작품이 어우러지는 지점들
을 추적하는 방식으로, 모더니즘 기법으로 치장된 울프의 언어 저
변에 숨겨진 '여자이기에' 쉽게 동감할 수 있는 메시지들을 해명
한다.

018 추리소설의 세계

정규웅(전 중앙일보 문화부장)

추리소설의 역사는 오이디푸스 이야기까지 거슬러 올라간다. 저
자는 고전적 정통 기법에서부터 탐정의 시대를 지나 현대에 이르
기까지 추리소설의 역사와 계보를 많은 사례를 들어 재미있게 설
명하고 있다. 추리소설의 'A에서 Z까지', 누구나 그 추리의 세계로
쉽게 빠져들게 하는 책이다.

199 디지털 게임 스토리텔링 eBook

한혜원(이화여대 디지털미디어학부 교수)

디지털 시대의 새로운 이야기 양식을 소개한 책. 디지털 패러다임
의 중심부에 게임이 있다. 이 책은 디지털 게임의 메커니즘을 이
야기 진화의 한 단계로서 설명한다. 게임의 역사에 있어서 중요한
패러다임의 변화, 게임이라는 새로운 지평에서 펼쳐지는 새로운
이야기 양식에 대한 분석 등이 흥미롭게 소개된다.

326 SF의 법칙

고장원(CJ미디어 콘텐츠개발국 국장)

과학의 시대다. 소설은 물론이거니와 영화, 애니메이션, 만화, 게
임 등 온갖 형태의 콘텐츠가 SF 장르에 손대고 있다. 하지만 SF
콘텐츠가 각광을 받고 있는 것에 비해 이 장르에 대한 깊이 있는
이해를 도울 만한 마땅한 가이드북이 존재하지 않는다. 이 책은
이러한 아쉬움을 채워주기 위한 작은 출발점이 될 것이다.

eBook 표시가 되어있는 도서는 전자책으로 구매가 가능합니다.

(주)살림출판사
www.sallimbooks.com
주소 경기도 파주시 문발동 522-1 | 전화 031-955-1350 | 팩스 031-955-1355